21天征服新HSK

六级教程

◎ 郑丽杰 刘悦 编著

外语教学与研究出版社
北京

图书在版编目(CIP)数据

21 天征服新 HSK 六级教程 / 郑丽杰,刘悦编著. — 北京:外语教学与研究出版社,2010.7
(2012.11 重印)
(外研社·新 HSK 课堂系列)
ISBN 978-7-5600-9839-5

Ⅰ. ①2… Ⅱ. ①郑… ②刘… Ⅲ. ①汉语—对外汉语教学—水平考试—教材 Ⅳ. ①H195.4

中国版本图书馆 CIP 数据核字 (2010) 第 138196 号

```
┌─────────────────────────────────────────────────────────┐
│  universal tool · unique value · useful source · unanimous choice  │
│                                                                     │
│               悠游网—外语学习 一网打尽           │
│                       www.2u4u.com.cn                               │
│                                                                     │
│         外研社旗下网站,打造外语阅读、视听、测试、共享的全方位平台     │
│                                                                     │
│   登录悠游网,您可以:                                              │
│   ○ 阅读精品外语读物,独有资源,涵盖广泛,学习必备。                 │
│   ○ 观看双语视频、名家课堂、外语系列讲座。                          │
│   ○ 多元外语测试,检测外语水平和专项能力,获得外语学习方案。         │
│   ○ 外语资源共享,网友互动,小组讨论,专家答疑,语言学习无疑难。     │
│   ○ 网站推出众多精彩大礼包,可通过积分换购。                        │
│                                                                     │
│   贴心小提示:                                                      │
│   悠游网增值服务:提供海量电子文档、视频、MP3、手机应用下载!        │
└─────────────────────────────────────────────────────────┘
```

出 版 人:蔡剑峰
责任编辑:于 辉
装帧设计:姚 军
出版发行:外语教学与研究出版社
社　　址:北京市西三环北路 19 号 (100089)
网　　址:http://www.fltrp.com
印　　刷:北京双青印刷厂
开　　本:787×1092　1/16
印　　张:11.75　模拟试题:8.25　词汇手册:2.25
版　　次:2010 年 8 月第 1 版　2012 年 11 月第 2 次印刷
书　　号:ISBN 978-7-5600-9839-5
定　　价:86.00 元 (含一张 MP3 光盘、三套全真模拟试题和六级词汇小手册)
＊　　　＊　　　＊
购书咨询: (010)88819185　电子邮箱:yangzl@fltrp.com
如有印刷、装订质量问题,请与出版社联系
联系电话: (010)61207896　电子邮箱:zhijian@fltrp.com
制售盗版必究 举报查实奖励
版权保护办公室举报电话: (010)88817519
物料号:198390001

出版说明

中国汉语水平考试（HSK）是为测试母语非汉语者（包括外国人、华侨和中国少数民族考生）的汉语水平而设立的国家级标准化考试。由中国国家汉办主办的汉语水平考试，从2010年起改版，以新的格式全面取代了原有的汉语水平考试，现在称之为新汉语水平考试（以下简称新HSK）。新HSK吸收了原有HSK的优点，保留了原有HSK的部分题型，但也设置了许多新的题型，这使许多面临考试的留学生产生了紧张心理，甚至一些教师也对如何转变教学感到困惑。

针对这种情况，外语教学与研究出版社隆重推出了"外研社·新HSK课堂系列"教材，旨在帮助考生熟悉新HSK的考试形式、应试策略和应试技巧，训练考生在真实考试情境下的应对能力，进而真正提高考生的汉语语言能力。该系列教材由具有多年HSK教学经验的资深教师编写而成。全套丛书既适用于课堂教学，又适用于自学备考，尤其适用于考前冲刺。

本系列图书的主要特点：

全新的 HSK 训练材料

● 详细介绍新HSK考试，全面收录考试题型，提供科学系统的应试方案和解题技巧。

● 根据新HSK大纲，提供大量典型例题、专项强化训练和模拟试题。

● 对新HSK全部考点的逐步讲解和技巧分析可帮助考生轻松获得高分。

● 所有练习均为模拟训练模式，让考生身临其境，提前备战。

全面、翔实的备考指导

● 导入语的设置、考试内容的层层展开，再现了真实课堂情景，让考生看到书，就像有老师在身边一样。

● 将汉语技能融合到考点中讲授，全面锻炼考生的汉语思维，能有效提高考生在新 HSK 中的应试能力。

● 帮助考生计划时间，在这 21 天的学习中，针对考试中出现的重点和难点提供详细指导，逐步消除考生的紧张心理。

● 提供多套完整的模拟试题，供考生在学习完之后，根据自身情况进行定时和非定时测验，并附有答案解析。

● 试题训练和实境测试紧密结合，图书与 MP3 形成互动。书中所有部分的听力试题在光盘中均有相应内容，提供的练习时间与考试完全一致，考生能及时了解自身水平。

我们希望外研社的这套"新 HSK 课堂系列"能够为考生铺就一条新 HSK 的成功之路，同时为新 HSK 教师解除教学疑惑，共同迎接美好的未来。

外语教学与研究出版社

2010 年 5 月

目 录

使用说明 I
新汉语水平考试(HSK)六级介绍 III
新HSK(六级)考试要求及过程 VI
新HSK(六级)答题卡 IX

第1周

认识新HSK六级 1

星期一　新HSK六级的题型(一)：听力　2

题型分析 2
新HSK考题实战 5

星期二　新HSK六级的题型(二)：阅读　8

题型分析 8
新HSK考题实战 13
语法练习 19

星期三　单项训练(听力、阅读第一、二部分)　20

题型分析：听力第一、二部分 20
新HSK考题实战：听力第一、二部分 21
题型分析：阅读第一、二部分 23
新HSK考题实战：阅读第一、二部分 24
语法练习 27

星期四　单项训练(听力第三部分，阅读第三、四部分)　28

题型分析：听力第三部分 28
新HSK考题实战：听力第三部分 29

题型分析：阅读第三、四部分	30
新HSK考题实战：阅读第三、四部分	31
语法练习	37
星期五　模拟试卷	

第1周周末复习与总结　　　　　　　　　　　　　　　　　　38

语法总结	38

第2周

应试技巧	47

星期一　（听力、阅读第一、二部分）　　　　　　　　　　48

应试技巧：听力第一、二部分	48
新HSK考题实战：听力第一、二部分	50
应试技巧：阅读第一、二部分	52
新HSK考题实战：阅读第一、二部分	53
语法练习	56

星期二　（听力第三部分，阅读第三、四部分）　　　　　57

应试技巧：听力第三部分	57
新HSK考题实战：听力第三部分	59
应试技巧：阅读第三、四部分	60
新HSK考题实战：阅读第三、四部分	61

星期三　（听力、阅读第一、二部分）　　　　　　　　　　67

应试技巧：听力第一、二部分	67
新HSK考题实战：听力第一、二部分	69
应试技巧：阅读第一、二部分	71
新HSK考题实战：阅读第一、二部分	72
语法练习	75

星期四　（听力第三部分，阅读第三、四部分）　　　　　76

应试技巧：听力第三部分	76

新HSK考题实战：听力第三部分	78
应试技巧：阅读第三、四部分	79
新HSK考题实战：阅读第三、四部分	80
语法练习	87

星期五　模拟试卷

第2周周末复习与总结　88

语法总结	88

第3周

强化训练	111

星期一　（听力、阅读第一、二部分）　112

应试技巧：听力第一、二部分	112
新HSK考题实战：听力第一、二部分	114
应试技巧：阅读第一、二部分	116
新HSK考题实战：阅读第一、二部分	117
语法练习	120

星期二　（听力第三部分，阅读第三、四部分）　121

应试技巧：听力第三部分	121
新HSK考题实战：听力第三部分	123
应试技巧：阅读第三、四部分	124
新HSK考题实战：阅读第三、四部分	125

星期三　（听力、阅读第一、二部分）　133

应试技巧：听力第一、二部分	133
新HSK考题实战：听力第一、二部分	135
应试技巧：阅读第一、二部分	137
新HSK考题实战：阅读第一、二部分	138
语法练习	141

星期四 （听力第三部分，阅读第三、四部分） 142

- 应试技巧：听力第三部分 142
- 新HSK考题实战：听力第三部分 144
- 应试技巧：阅读第三、四部分 145
- 新HSK考题实战：阅读第三、四部分 146
- 语法练习 153
- 星期五　模拟试卷

第3周周末复习与总结 154

- 语法总结 154

使用说明

随着新汉语水平考试（HSK）的推出，许多面临考试的留学生感到很紧张，甚至一些老师也对如何转变教学内容和方式感到困惑。作为一名长期从事HSK教学的老师，我感到自己有责任引导学生们正确认识新HSK，同时也希望给和我一样热爱对外汉语教学事业的老师们一些参考，这就是我推出新HSK系列书的初衷。

正如《新汉语水平考试大纲》所言，新HSK是吸收了原有HSK的优点，为更好地服务于汉语学习者而推出的。新HSK与原有HSK既有共同点又有所不同，如新HSK六级在题型方面保留了原HSK听力采访部分、选词填空和阅读理解文章部分，而综合部分的挑错题则由原来的一个句子变成了四个句子，另外也设置了一些新题型。这些保留与变化正体现了新HSK的考试原则：关注评价的客观、准确，更重视发展考生汉语应用能力。而这样的原则其实也正是教学者以及考生的共同目标，也就是说，在努力取得新HSK好成绩的同时，提高汉语应用能力。

本着这样的原则和目标，本书在题型和选用材料上紧密结合新HSK考试，在课堂设计中加入必要的引导语，以便老师教学操作、学生按计划进行有效的考前准备。为了更好地使用本书，请您先阅读以下说明：

本书设计用三周时间完成，每周五天按照两个课时设计，第一课时结合样题进行考题分析、应试技巧说明。第二课时进行考题实战训练，使学习者在熟悉考题的同时，掌握考试的重点与难点。在一周的安排中，星期一至星期四为单项训练，以分项的方式学习新HSK各部分的题型技巧与知识点；星期五进行模拟考试，一方面检查学习效果，另一方面熟悉新HSK的考试过程。

在周一到周四的单项训练部分，按照题型特点和解题技巧安排，周一和周三是听力第一、二部分，阅读第一、二部分，重在训练"抓重点"的能力；周二和周四是听力第三部分，阅读第三、四部分，重在提高总结概括、全面理解的能力。另外周一到周四，结合阅读第一部分试题中出现的语法点设计了语法练习，以督促考生重视汉语的必备语法知识。而有关的语法知识的讲解集中放在周末总结中，老师可以根据实际的教学安排分配到周一至周五每天学习，也可以留给学生周末自学。这些语法仅仅是便于老师、学生查阅使用，如果要真正学习语法，还是建议专门学习《征服 HSK 语法》一书。

  为了方便广大考生使用，本书附赠三套模拟题（每周五的模拟试卷）、一个词汇小册子以及一个 MP3 光盘。

  每周五的模拟试题部分就是一次仿真的模拟考试，一方面检测一下一周以来的学习效果，另一方面建议参考新 HSK 的考试过程进行考场的全真演习，这样可以在考试前充分了解新 HSK 的考试情况，做好心理上的准备。

  词汇小册子主要列出的是五、六级重点词汇以及超出大纲规定的一些常用书面词语，建议考生根据自己的情况进行自学。

  MP3 光盘与图书形成互动，收录了全书中包括样卷在内的全部听力文本，提供的练习时间与考试完全一致。

  最后预祝大家在学习中取得更大的进步，在考场上充分发挥自己的实力，获得一份满意的成绩。

本书结构图：

第一周	星期一	问题1	题型分析	听力样卷
				阅读样卷
			实战技巧	听力应试技巧
				阅读应试技巧
				听力实战训练
				阅读实战训练
				语法练习
		问题2	……	
	星期二		……	
	星期三		……	
	星期四		……	
	星期五	模拟试卷		
	周末复习与训练	一周语法总结		
第二周	……			
第三周	……			
生词表				

新汉语水平考试HSK(六级)介绍

HSK(六级)考查考生的汉语应用能力,它对应于《国际汉语能力标准》五级、《欧洲语言共同参考框架(CEF)》C2级。通过HSK(六级)的考生可以轻松地理解听到或读到的汉语信息,以口头或书面的形式用汉语流利地表达自己的见解。

一、考试对象

HSK(六级)主要面向掌握5000及5000以上常用词语的考生。

二、考试内容

HSK(六级)共101题,分听力、阅读、书写三部分。

考试内容		试题数量(个)	考试时间(分钟)
一、听力	第一部分	15	约35
	第二部分	15	
	第三部分	20	
		50	
二、阅读	第一部分	10	45
	第二部分	10	
	第三部分	10	
	第四部分	20	
		50	
三、书写	作文	1	45
填写答题卡			10
共计		101	约135

全部考试约140分钟(含考生填写个人信息时间5分钟)。

1. 听力

第一部分，共 15 题。每题听一次。每题播放一小段话，试卷上提供 4 个选项，考生根据听到的内容选出与其一致的一项。

第二部分，共 15 题。每题听一次。播放三段采访，每段采访后带 5 个试题，试卷上每题提供 4 个选项，考生根据听到的内容选出答案。

第三部分，共 20 题。每题听一次。播放若干段话，每段话后带几个问题，试卷上每题提供 4 个选项，考生根据听到的内容选出答案。

2. 阅读

第一部分，共 10 题。每题提供 4 个句子，要求考生选出有语病的一句。

第二部分，共 10 题。每题提供一小段文字，其中有 3 到 5 个空格，考生要结合语境，从 4 个选项中选出最恰当的答案。

第三部分，共 10 题。提供两篇文字，每篇文字有 5 个空格，考生要结合语境，从提供的 5 个句子选项中选出答案。

第四部分，共 20 题。提供若干篇文字，每篇文字带几个问题，考生要从 4 个选项中选出答案。

3. 书写

考生先要阅读一篇 1000 字左右的叙事文章，时间为 10 分钟，阅读时不能抄写和记录；监考将阅读材料收回后，请将这篇文章缩写为一篇 400 字左右的短文，时间为 35 分钟。标题自拟。只需复述文章内容，不需加入自己的观点。

三、成绩报告

HSK（六级）成绩报告提供听力、阅读、书写和总分四个分数。总分 180 分为合格。

	满分	你的分数
听力	100	
阅读	100	
书写	100	
总分	300	

HSK 成绩长期有效。作为外国留学生进入中国院校学习的汉语能力的证明，HSK 成绩有效期为两年（从考试当日算起）。

（来自汉语考试服务网 www.chinesetesting.cn）

新HSK(六级)考试要求及过程

一、HSK（六级）考试要求

1. 考试前，考生要通过《新汉语水平考试大纲 HSK 六级》等材料，了解考试形式，熟悉答题方式。
2. 参加考试时，考生需要带：身份证件、准考证、2B 铅笔、橡皮。

二、HSK（六级）考试过程

1. 考试开始时，主考宣布：

> 大家好！欢迎参加 HSK（六级）考试。

2. 主考提醒考生：
（1）关闭手机。
（2）把准考证和身份证放在桌子的右上方。

3. 之后，主考宣布：

> 现在请大家填写答题卡。

主考示意考生参考准考证，用铅笔填写答题卡上的姓名、国籍、序号、性别、考点、年龄、你是华裔吗、学习汉语的时间等信息。

关于华裔考生的概念，可解释为：父母双方或一方是中国人的考生。

4. 之后，主考请监考发试卷。

5. 试卷发完后，主考向考生解释试卷封面上的注意内容。

> # 注　意
>
> 一、HSK（六级）分三部分：
>   1. 听力（50题，约35分钟）
>   2. 阅读（50题，45分钟）
>   3. 书写（1题，45分钟）
>
> 二、**答案先写在试卷上，最后 10 分钟再写在答题卡上。**
>
> 三、全部考试约 140 分钟（含考生填写个人信息时间 5 分钟）

6. 之后，主考宣布：

> 请打开试卷，现在开始听力考试。

主考示意考生把试卷上的密封条打开。

7. 主考播放听力录音。

8. 听力考试结束后，主考宣布：

> 现在开始阅读考试。考试时间为 45 分钟。

9. 阅读考试还剩 5 分钟时，主考宣布：

> 阅读考试时间还有 5 分钟。

10. 阅读考试结束后，主考宣布：

> 现在请监考分发书写材料。

11. 之后，主考宣布：

现在开始书写考试。请先阅读书写材料，时间为10分钟。阅读时不能抄写、记录。

12. 10分钟后，主考宣布：

现在请监考收回书写材料。

13. 之后，主考宣布：

现在请将阅读材料编写为一篇400字左右的短文，时间为35分钟。标题自拟。只需复述文章内容，不需加入自己的观点。请用铅笔直接把作文写在答题卡上。

14. 书写考试还剩5分钟时，主考宣布：

书写考试时间还有5分钟。

15. 书写考试结束后，主考宣布：

现在请把第1到100题的答案写在答题卡上，时间为10分钟。

16. 10分钟后，主考请监考收回试卷和答题卡。

17. 主考清点试卷和答题卡后宣布：

考试现在结束。谢谢大家！再见。

新HSK（六级）答题卡

新汉语水平考试
HSK（六级）答题卡

姓名	

国籍	[0] [1] [2] [3] [4] [5] [6] [7] [8] [9] [0] [1] [2] [3] [4] [5] [6] [7] [8] [9] [0] [1] [2] [3] [4] [5] [6] [7] [8] [9]

性别	男 [1]　　　女 [2]

序号	[0] [1] [2] [3] [4] [5] [6] [7] [8] [9] [0] [1] [2] [3] [4] [5] [6] [7] [8] [9] [0] [1] [2] [3] [4] [5] [6] [7] [8] [9] [0] [1] [2] [3] [4] [5] [6] [7] [8] [9]

考点	[0] [1] [2] [3] [4] [5] [6] [7] [8] [9] [0] [1] [2] [3] [4] [5] [6] [7] [8] [9]

你是华裔吗?	是 [1]　　　不是 [2]

年龄	[0] [1] [2] [3] [4] [5] [6] [7] [8] [9] [0] [1] [2] [3] [4] [5] [6] [7] [8] [9]

学习汉语的时间：

2年以下 [1]　　2年—3年 [2]　　3年—4年 [3]　　4年—5年 [4]　　5年以上 [5]

注意　请用 2B 铅笔这样写：■

一、听力

1. [A] [B] [C] [D]　　6. [A] [B] [C] [D]　　11. [A] [B] [C] [D]　　16. [A] [B] [C] [D]　　21. [A] [B] [C] [D]
2. [A] [B] [C] [D]　　7. [A] [B] [C] [D]　　12. [A] [B] [C] [D]　　17. [A] [B] [C] [D]　　22. [A] [B] [C] [D]
3. [A] [B] [C] [D]　　8. [A] [B] [C] [D]　　13. [A] [B] [C] [D]　　18. [A] [B] [C] [D]　　23. [A] [B] [C] [D]
4. [A] [B] [C] [D]　　9. [A] [B] [C] [D]　　14. [A] [B] [C] [D]　　19. [A] [B] [C] [D]　　24. [A] [B] [C] [D]
5. [A] [B] [C] [D]　　10. [A] [B] [C] [D]　　15. [A] [B] [C] [D]　　20. [A] [B] [C] [D]　　25. [A] [B] [C] [D]

26. [A] [B] [C] [D]　　31. [A] [B] [C] [D]　　36. [A] [B] [C] [D]　　41. [A] [B] [C] [D]　　46. [A] [B] [C] [D]
27. [A] [B] [C] [D]　　32. [A] [B] [C] [D]　　37. [A] [B] [C] [D]　　42. [A] [B] [C] [D]　　47. [A] [B] [C] [D]
28. [A] [B] [C] [D]　　33. [A] [B] [C] [D]　　38. [A] [B] [C] [D]　　43. [A] [B] [C] [D]　　48. [A] [B] [C] [D]
29. [A] [B] [C] [D]　　34. [A] [B] [C] [D]　　39. [A] [B] [C] [D]　　44. [A] [B] [C] [D]　　49. [A] [B] [C] [D]
30. [A] [B] [C] [D]　　35. [A] [B] [C] [D]　　40. [A] [B] [C] [D]　　45. [A] [B] [C] [D]　　50. [A] [B] [C] [D]

二、阅读

51. [A] [B] [C] [D]　　56. [A] [B] [C] [D]　　61. [A] [B] [C] [D]　　66. [A] [B] [C] [D]　　71. [A] [B] [C] [D] [E]
52. [A] [B] [C] [D]　　57. [A] [B] [C] [D]　　62. [A] [B] [C] [D]　　67. [A] [B] [C] [D]　　72. [A] [B] [C] [D] [E]
53. [A] [B] [C] [D]　　58. [A] [B] [C] [D]　　63. [A] [B] [C] [D]　　68. [A] [B] [C] [D]　　73. [A] [B] [C] [D] [E]
54. [A] [B] [C] [D]　　59. [A] [B] [C] [D]　　64. [A] [B] [C] [D]　　69. [A] [B] [C] [D]　　74. [A] [B] [C] [D] [E]
55. [A] [B] [C] [D]　　60. [A] [B] [C] [D]　　65. [A] [B] [C] [D]　　70. [A] [B] [C] [D]　　75. [A] [B] [C] [D] [E]

76. [A] [B] [C] [D] [E]　　81. [A] [B] [C] [D]　　86. [A] [B] [C] [D]　　91. [A] [B] [C] [D]　　96. [A] [B] [C] [D]
77. [A] [B] [C] [D] [E]　　82. [A] [B] [C] [D]　　87. [A] [B] [C] [D]　　92. [A] [B] [C] [D]　　97. [A] [B] [C] [D]
78. [A] [B] [C] [D] [E]　　83. [A] [B] [C] [D]　　88. [A] [B] [C] [D]　　93. [A] [B] [C] [D]　　98. [A] [B] [C] [D]
79. [A] [B] [C] [D] [E]　　84. [A] [B] [C] [D]　　89. [A] [B] [C] [D]　　94. [A] [B] [C] [D]　　99. [A] [B] [C] [D]
70. [A] [B] [C] [D] [E]　　85. [A] [B] [C] [D]　　90. [A] [B] [C] [D]　　95. [A] [B] [C] [D]　　100. [A] [B] [C] [D]

三、书写

101.

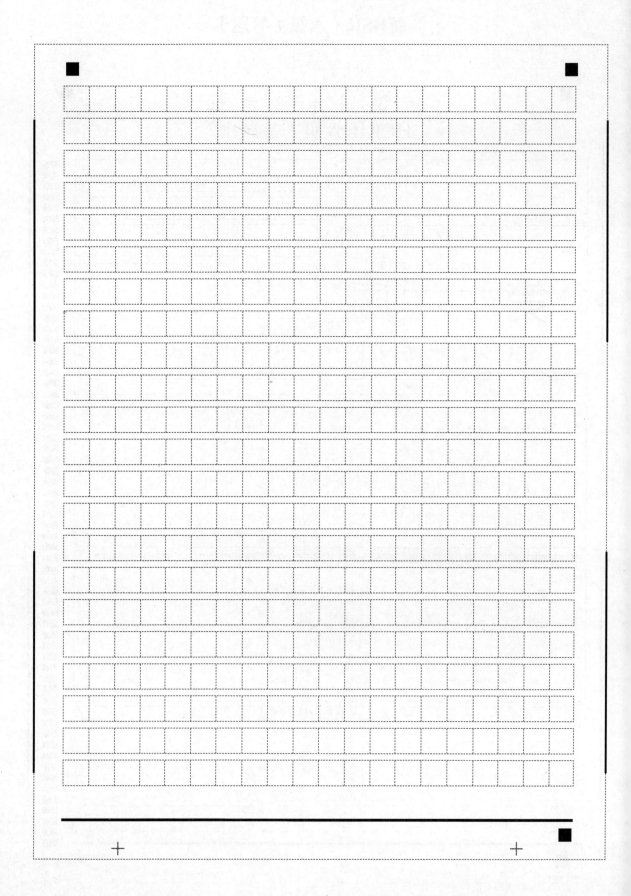

第1周 >>>>>

认识新 HSK 六级

中国有句俗话"知己知彼,百战百胜",意思是说只有了解了各方面的情况,才能取得成功。"新 HSK 六级到底考什么?"了解新 HSK 六级的考试题型是非常必要的!所以,第一周的重点是:认识新 HSK 六级,通过这一周的学习来熟悉新 HSK 六级的考试形式,并为适应新 HSK 养成良好的做题习惯。

星期一

新HSK六级的题型（一）：听力

 题型分析

新HSK考试(六级)共101题,分听力、阅读、书写三部分。"听力"是第一大项,共50题,考试时间约35分钟。"听力"分为三部分:第一部分每题播放一小段话,听后选出与其内容一致的一项,共15题;第二部分是采访,和旧HSK(高级)听力第二部分题型相同,每段采访后有5个问题,根据提出的问题选择唯一正确的答案,三段采访,共15题;第三部分是讲话,类似于旧HSK(高级)听力第一部分中的讲话类试题,每段讲话后带几个问题,根据提出的问题选择唯一正确的答案,共20题。

我们来看一下这三部分的样题,你可以一边听录音,一边试着做做。

【新HSK（六级）样卷示例】

听力第一部分：

第1题：请选出与所听内容一致的一项。

1. A 年轻人在睡觉
   B 椅子是小孩的
   C 小孩想坐那个椅子
   D 椅子上刚刷了油漆
   （样卷第1题）

录音文本：
一个年轻人坐在公园的长椅上休息,有个小孩儿站在他旁边很久,一直不走。年轻人问:"小朋友,你为什么站在这里不走,有什么事儿吗?"小孩儿说:"这个椅子刚刷了油漆,我想看看你站起来会是什么样子。"

答案： D

讲解： 这道题是考我们在听的过程中抓住"信息点"的能力。从选项上看我们可以得到三个信息点:年轻人、小孩、椅子,带着这三个信息点我们可以听到的是"年轻人在休息"→A×,"公园的长椅"→B×,"小孩说椅子刚刷了油漆"→D√,"我(小孩)想看看你站起来是什么样"→C×。

请沿虚线折一下

听力第二部分：

第 2—6 题：请选出正确答案。

2. A 老师
   B 大学生
   C 企业家
   D 艺术家

3. A 理发
   B 足疗
   C 美容
   D 健身

4. A 没什么抱负
   B 有时会很尴尬
   C 接受了身份转变
   D 是一个企业管理者

5. A 壁画
   B 植物
   C 动物
   D 小说

6. A 还没有连锁店
   B 服务人员都有证书
   C 顾客对店名不满意
   D 顾客都是商务人士

（样卷第 16—20 题）

录音文本：

第 2 到 6 题是根据下面一段采访。

女：朋友们好。现在人们对自己的健康可是越来越关注，连洗脚都越来越有讲究。洗脚是已经"老土"的说法了，时髦的叫法是"足浴"或者"足疗"。专门通过足浴来为顾客提供保健服务的足浴店也像雨后春笋一样，出现在城市的大街小巷。"千子莲足浴"就是这"洗脚大军"中最抢眼的一员，它颇有传奇色彩，因为它的创始者是几个复旦大学毕业的高才生。今天我们就请到了创始人之一徐先生。徐先生您好。从名牌大学的高才生到"洗脚工"，您能接受这种身份的转变吗？

男：我从来也没有觉得自己是个"洗脚工"。我给自己的定位是一个现代企业的管理者，和那些大企业的管理者是一样的，只不过我们经营的是足浴服务。再说了，"洗脚工"也没有什么丢人的，谈不上能不能接受的问题。

女：您认为"千子莲"吸引大量顾客的关键是什么呢？

男：放松的感觉。我们的顾客中大部分都是商务人士，平时职场上太累，到了"千子莲"他们可以放松下来，这种放松是身体和心理上双重的。

女：我觉得"千子莲"这个名字很特别，它是怎么来的呢？

男：这个名字的灵感来源于敦煌壁画。我曾经到过敦煌，受到了很深的震撼。在敦煌莫高窟的壁画上，有鹿女生下莲花、变成一千子孙的典故，我把这"莲花、千子"结合在一起，就得到了"千子莲"这个名字。我对这个名字很得意，国内大部分连锁品牌的名字取得都很西化，只有我们的名字最中国化。

女：我觉得"千子莲"明亮的店堂和我们传统理解中的足浴店有点不相符。

男：是的。在中国人看来，让别人给自己洗脚是一件有些尴尬的事情。我就是想把这种尴尬的事儿变成时尚。其实洗脚和理发没有什么本质的区别，没有什么难为情的。我们的店都有统一的装修风格和管理模式，迎接顾客该说什么话、多长时间端上热水都是有统一标准的。而且，我们这里的每一位服务人员都有国家颁发的"足部按摩师"证书。

2. 男的开"千子莲"店以前是做什么的？
3. "千子莲"店主要从事什么服务？
4. 男的怎么看待自己？
5. "千子莲"这个名字来自什么？
6. 关于"千子莲"店，下列说法哪项正确？

答案：2. B 3. B 4. D 5. A 6. B

讲解： 采访类题目至少考了我们两方面的能力：第一是从选项中找到"信息点"，这样我们才能知道在听录音的过程中要关注什么。第二是理解选项，辨别选项和所听到的内容是否一致。因此，采访类题目可以说是比较难的，需要我们多练习，掌握技巧，提高理解能力。

答题前，先从选项中找到"信息点"：第 2 题"身份"，第 3 题"做什么"，第 4 题"看法"、"想法"，第 5 题可能问的是"什么属于什么"，第 6 题可能问的是"哪一项是对的"。

带着这些信息点和推测再听录音时可以听到第 2 题，"从名牌大学毕业的高才生到洗脚工"，可以知道这个男人的身份背景 → B ✓；第 3 题，文章中多次提到"足浴"、"足疗"、"洗脚"，可以得到结论 → B ✓；第 4 题，男的说到"我给自己的定位是一个现代企业的管理者"，还有"谈不上能不能接受的问题" → D ✓；第 5 题的信息点很明显，可以从录音中直接听到"这个名字的灵感来源于敦煌壁画" → A ✓；第 6 题在听的时候注意信息点："连锁"、"证书"、"顾客"，很容易从最后一句话"每一位服务人员都有国家颁发的证书"中推断 → B ✓。

听力第三部分：

第 7—9 题：请选出正确答案。

7. A 国王
   B 商人
   C 大臣
   D 珠宝匠

8. A 称重量
   B 用稻草
   C 检查质量
   D 凭经验判断

9. A 要有眼光
   B 要多听少说
   C 不可轻信别人
   D 不可盲目乐观

（样卷第 31—33 题）

录音文本：

第 7 到 9 题是根据下面一段话：

古时候，有个商人献给国王三个外表一模一样的金人，同时出了一道题目：这三个金人哪个最有价值？

国王想了许多办法，请来珠宝匠检查，称重量，看做工，都是一模一样的。怎么办？最后，有一位老大臣说他有办法。

他拿了三根稻草，把第一根插入第一个金人的耳朵里，稻草从另一个耳朵出来了。第二个金人的稻草从嘴巴里掉了出来。而第三个金人，稻草进去后掉进了肚子里，什么响动也没有。老臣说："第三个金人最有价值。"商人说答案正确。

这个故事告诉我们，最有价值的人，不一定是最能说的人。老天给我们两只耳朵一个嘴巴，本来就是让我们多听少说的。善于倾听，才是成熟的人最基本的素质。

7."金人"问题是谁解决的？
8. 问题是怎么解决的？
9. 这段话主要想告诉我们什么？

答案： 7. C　8. B　9. B

讲解： 讲话类题目一般有两种，一种是叙事性文章，另一种是介绍说明性文章。虽然这两种类型的文章有一些区别，但是答题要求的共同点是：掌握中心、概括主要内容，这也是新 HSK（六级）的要求——理解听到的汉语信息。

从选项上看，第 7 题、第 8 题要关注的信息点是：什么人、什么方法。第 9 题则需要理解概括出主要内容。

第 7 题，录音中可以听到的是"国王想了许多办法，请来珠宝匠……最后，有一位老大臣说他有办法。"→ C √；第 8 题，由录音中"……检查，称重量……都是一模一样的。怎么办？"→ A ×、C ×，由录音中"他拿了三根稻草"→ B √；第 9 题边听边想，直到录音结尾处可以听到"……让我们多听少说……善于倾听……"→ B ×。

熟悉了新 HSK（六级）听力的题型，下面就来模拟一下。最好将听力三个部分的试题全部做完后，再看文本和答案，这样才能考查出自己的实力。

新HSK考题实战

一、听力

第一部分：

第1—3题：请选出与所听内容一致的一项。

1. A 嘉年华是中国的庙会
   B 嘉年华是城市的标志
   C 嘉年华起源于古罗马
   D 嘉年华是公众娱乐盛会

2. A 他是功夫之王
   B 他父亲是导演
   C 他是世界武打巨星
   D 他80年代开始演电影

3. A 雪已经停了
   B 明天部分地区还会下雪
   C 小年受到很大影响
   D 交通受到影响较大

录音文本：

1. 嘉年华在欧洲是一个传统的节日。"嘉年华"是欧美"狂欢节"的英文音译，相当于中国的"庙会"，最早起源于古埃及，后来成为古罗马农神节的庆祝活动。多年以来，"嘉年华"逐渐从一个传统的节日，成为今天包括大型游乐设施在内，辅以各种文化艺术活动形式的公众娱乐盛会。世界各地有着花样繁多的嘉年华会，并成为很多城市的标志。

2. 武打巨星成龙，原名陈港生，1954年4月7日在香港出生，原籍山东。1975年香港导演罗维力捧成龙，并给他取艺名"成龙"，除了有"望子成龙"的意思，也希望他能成为像功夫之王李小龙那样的巨星。而成龙也不负众望，20世纪80年代即称霸亚洲，90年代后期更成功打入好莱坞，吸引了全世界热爱武术的影迷。

3. 2月6日，是农历的"小年"，我市迎来了立春后的第一场雪。飘飘洒洒的雪花，还有那公园内绽放的腊梅构成了一道亮丽的风景。一场小雪让小年过得别有味道，可却给交通带来了较大影响。昨天，气象台继续发布道路结冰黄色预警，今天部分地区仍然有雪和雾，对交通影响较大，急于返家的人要特别注意安全。

答案：1. D 2. C 3. D

第二部分：

第 4—8 题：请选出正确答案。

4. A 写了一本书
   B 分配到了中央电视台
   C 当了主持人
   D 有了孩子

5. A 曝光了公众人物的生活隐私
   B 写了自己的家庭生活
   C 突出了生活的酸甜苦辣
   D 是作者给孩子留的纪念

6. A 作家
   B 主持娱乐节目的
   C 主持新闻类节目的
   D 记者和编导

7. A 做事风格外露
   B 比较传统
   C 只能做娱乐节目
   D 没有正常生活

8. A 学习成绩
   B 机会
   C 智慧
   D 勤奋工作

录音文本：

第4到8题是根据下面一段采访：

女：李咏您好！您给大家的印象一向是特立独行，可在名人出书这件事儿上您也没能免俗啊，所以有一个简单的问题还是要问您，为什么写书？

男：主要有两个原因：一是出版社，他们动员了我几年。二是人过40岁了，也想为自己梳理一下生活的酸甜苦辣，不过我这里主要突出的是"甜"。

女：很多公众人物都不喜欢把自己的生活隐私曝光，可是据我所知，您的这本新书《咏远有李》用了很大的篇幅写自己的家庭生活以及老婆孩子。您是怎样想的呢？

男：虽然我们从事的工作比较特殊，可能叫做公众人物吧，但是人都要正常生活。我就希望我的孩子多跟外界交往，有助于她的成长。可能是因为我这个人做事风格比较外露吧，这本拙作就是给自己留个纪念，给自己的40岁作个总结。

女：很多人都知道，您是1991年中国传媒大学应届毕业生中唯一一名被分配到中央电视台的男生。那么您当时是怎么抓住这个机遇的呢？

男：那个年代都比较传统，主要还是看成绩吧。我总成绩第一，业务分第一，还是三好学生。

女：不像啊。

男：那时虽然我学的专业是主持，可是进了央视后，我照照镜子，自己还是别干主持跟人挤了，就去当记者和编导，后来是被硬拉进来做了主持。

女：观众们都非常喜欢您主持的娱乐节目，去年全国上星的娱乐节目收视前十名中，您占了两个，《非常6+1》和《咏乐汇》。不过已经年过40了，您有没有考虑过转行做新闻？

男：我这样子要是去《新闻联播》播新闻你信吗？没人信我啊。这个既定印象的东西，你没办法改变的。没办法啦，我总被归为娱乐呀。

女：现在有很多年轻人都做着明星梦、主持人梦，您能指点一下如何成为一名好的主持人吗？

男：我进大学的第一堂课，老师就告诉我们，你们来这里不是来当明星的。好的主持人不是学出来的，是靠工作摸爬滚打，再加上机会才能出来的。可以总结为：一分智慧、九十八分汗水、一分机会。

4. 男的最近做了一项什么工作？
5. 关于这本新书，我们可以知道什么？
6. 男的是做什么的？
7. 男的怎么看待自己？
8. 男的觉得成为一名好的主持人最主要的是什么？

答案：4. A 5. B 6. B 7. A 8. D

第三部分:

第9—11题:请选出正确答案。

9. A 什么是低碳
   B 倡导低碳生活
   C 2009年的生活概念
   D 普通老百姓该如何生活

10. A 把减低碳排放作为生活的目的
    B 吃自助餐二次取食的时候叮嘱服务生务必更换餐具
    C 不用手机充电器
    D 每个人提高环保意识并在日常生活中落到实处

11. A 已经不是一种口号了
    B 更加时尚
    C 意味着节约、节俭、环保
    D 低碳生活应该有车子、房子

录音文本:

第9到11题是根据下面一段话:

终于有了比"节约"、"节俭"、"环保"更时尚的用来定义低能耗生活的概念了,那就是"低碳"。2009年是低碳生活的开篇年。从吃的、穿的、车子、房子都在大张旗鼓地倡导低碳,让生活"低碳"起来。那么什么是低碳呢?低碳生活是指通过生活作息时减少能源消耗,达到减低碳,特别是二氧化碳排放的目的。低碳生活对于我们普通老百姓来说,是一种态度,而不是能力。比如空调温度夏天在26度以上,冬天在18度以下,出门前5分钟关掉空调;节约使用一次性餐具,吃自助餐或去咖啡馆二次取食或续杯的时候叮嘱服务生不必更换餐具;出门时拎包里随时带着环保购物袋;手机充电器不用时,将其从电源上拔下;一周少开一天车。低碳不是一种形式,如果我们每个人提高环保意识并在日常生活中落到实处,"低碳生活"便不再是一种口号了。

9. 这段话主要讲了什么?
10. 说话人有什么建议?
11. 关于低碳生活,下列哪项正确?

答案:9. B 10. D 11. C

做完后把自己的成绩记录下来,以后每天可以比较一下自己是不是有进步噢。

听　力	第一部分	第二部分	第三部分
成　绩	%	%	%

新HSK六级的题型（二）：阅读

  今天我们来了解新HSK考试(六级)的第二大项：阅读。阅读部分共50题，考试时间45分钟。"阅读"分为四个部分：第一部分每题有4个句子，选出有语病的一项，共10题；第二部分是选词填空，和旧HSK(高级)综合第二部分类似，每题有一段文字，其中有3到5个空格，要求在四个选项中选出最恰当的一组，共10题；第三部分是选句填空，在一段文章中有5个空格，在5个句子选项中选出对应的句子，2篇文章，共10题；第四部分和旧HSK(高级)阅读第二部分题型相同，提供几篇文字，每篇文字带几个问题，从四个选项中选出答案，共20题。

  下面我们来看一下这四部分的样题，你可以先试着做一下，然后再跟着老师的讲解来熟悉阅读类试题。

【新 HSK（六级）样卷示例】

二、阅读

第一部分

第 1—2 题：请选出有语病的一项。

1. A 他突然提出辞职，让我们感到很意外。

   B 茅盾的童年生活，是他创作《春蚕》的源泉。

   C 劳动时间缩短，是大众旅游得以发展的基本条件。

   D 他除了班里和学生会的工作外，还承担了广播站的主持人。

   （样卷第 51 题）

2. A 即使明天有大风，比赛也会照常进行的。

   B 昨天下雨很大，赶走了连续几天来的高温。

   C 与其说这是一个奇迹，不如说是历史发展的必然。

   D 虽然我看过这部影片，但是有时间的话，我还想再看一遍。

   （样卷第 52 题）

答案：1. D 2. B

讲解：这部分试题和旧 HSK（高级）综合表达第一部分挑错题有相似点也有不同点，相似点在于都是找出有语病的一项，不同的是旧 HSK 的四个选项是一个句子，而新 HSK 的四个选项分别是四个无关的句子，可以说是增加了难度。但是习惯了这部分考题后会发现其实和旧 HSK 一样都是在考查汉语语感。有的试题学汉语时间长的考生可能一看就能感觉到错误，而有的句子可能中国人也不那么容易发现它的错误。所以总结规律、掌握技巧是解题的关键，而"语感"则是在学习中不断积累而来的。

这部分试题的语病可以分为两种，一种是用词错误，比如第 1 题 D 项"承担"一般搭配"责任"、"任务"，而"主持人"是"职务、身份"，所以，应改为"担任了广播站的主持人"。

一种是语法错误，比如第 2 题 B 项"下雨很大"是程度补语用法的错误，程度补语带宾语时结构是：（动词）＋宾语＋动词＋得＋形容词。所以应改为"雨下得很大"。

第二部分
第3—4题：选词填空。

3. 椅子的舒适问题，只要设计时考虑人体结构的 _____ ，便可以解决。设计一把椅子而 _____ 了人体的结构，就像设计蛋盒而不顾蛋的 _____ 。

A 特征　忽略　形状
B 本质　忽视　形态
C 特点　忘记　外观
D 构造　违反　外貌

（样卷第61题）

4. 人们都很尊敬发现真理的人。其实，真理常常就在你的身边，能不能发现它就看你有没有一双 _____ 的眼睛，有没有一个善于 _____ 的头脑，有没有敢于 _____ 真理的勇气。

A 锐利　沉思　理解
B 灵敏　考虑　坚持
C 敏锐　思考　追求
D 明亮　联想　把握

（样卷第62题）

答案：3. A　4. C

讲解：这部分试题和旧HSK（高级）综合表达第二部分完全一样，都是考查词汇的。更具体地说，是考查我们充分理解语段和词汇搭配应用的能力，所以在学习中我们一定要注意词语辨析，并牢记词语的搭配。

在解这种题的时候可以用两种方法，一是唯一确定法：选项中的一个词肯定是答案，另外三个词是绝对不可能的，如果你能有100%的把握确定一个选项，那么你可以不用再看其他选项，马上选择，这样可以节省时间。比如第3题的第三个空儿，四个选项"形状"、"形态"、"外观"、"外貌"中，可以说明"蛋"的只能是"形状"，所以可以很快得出答案A。

二是排除法：选项中常常有一些词是我们不认识的或者不敢确定的，那我们只能用排除的方法去掉不可能的选项，这样就可以找到答案了。比如第4题，第一个空儿和"眼睛"搭配的四个选项我们不敢确定，那至少我们知道"灵敏"是形容"动作"、"感觉"的，不可能和"眼睛"搭配，→B×；第二个空儿"沉思"不能形容"头脑"，→A×；剩下C和D比较，我们知道"把握机会/时机"，所以和"真理"搭配的动词中"追求"是合适的，→D×、C√。

第三部分

第5—9题：选句填空。

曹操得到一只大象，很想知道这只大象到底有多重。官员们都纷纷议论，发表自己的意见。有人说，(5)_____。可是怎样才能造出比大象还大的秤呢？有人说，把它砍成小块儿，然后再称。可是把大象杀了，知道重量又有什么意义呢？大家想了很多办法，可是都行不通。

就在这时，曹操的小儿子曹冲对父亲说："爸爸，我有个办法可以称大象！"(6)_____，曹操一听，连连叫好，立刻安排人准备称象，并且让大家都过去观看。

大家来到河边，看见河里停着一只大船。曹冲叫人把象牵到船上，等船身稳定时，他就在船舷与水面齐平的地方，画了一条线。然后，曹冲再叫人把象牵到岸上来。之后，他让人把大大小小的石头，(7)_____，船身就一点儿一点儿往下沉。等船上的那条线和水面再次平齐的时候，曹冲就叫人停止装石头。官员们都睁大了眼睛，(8)_____。他们连声称赞："好办法！好办法！"这时候，谁都明白，(9)_____，把重量加起来，就知道这头大象有多重了。曹操得意地望着众人，心里想：你们还不如我的这个小儿子聪明呢！

A 一块儿一块儿地往船上装

B 制造一个巨大的秤来称

C 只要把船里的石头都称一下

D 然后他就把办法告诉了曹操

E 这才终于弄清了是怎么回事儿

（样卷第71—80题）

答案： 5. B 6. D 7. A 8. E 9. C

讲解： 这部分试题是新HSK六级的新题型，有两篇文章，每篇文章中有5个空儿，给出5个句子，选择合适的句子把文章补充完整。这类题一方面需要我们看懂文章，另一方面又要理解选项中的句子，感觉很难，而且时间也不够。不过有一点很好，就是文章中的5个空儿正好对应5个选项，所以只要确定4个就可以了。

在解这种题时最好先理解文章，然后再根据语境来选择，但是在考试时我们不可能有充分的时间，所以必须运用技巧。解题方法是，先看文章中空儿前后的句子，然后根据有关联的词来选择。比如第5题"有人说，……。可是怎样才能造出比大象还大的秤呢？"根据空儿后边的这句话我们可以去选项中找到和"造秤"有关的选项，→B✓。

第6题"'爸爸，我有个办法可以称大象！'_____，曹操一听……"，根据空儿前边的句子在选项中找到和"办法"有关的选项，→D✓。

第7题"他让人把大大小小的石头，_____"，"把"后需要动词，"石头"的量词是"块儿"，→A✓。

把第8、9题中的两个句子联系起来很容易找到答案。第9题"_____，把重量加起来，就知道这头大象有多重了"，马上可以注意到C"只要……就"的关联词，那么第8题就剩下答案E了。

最后如果有时间再把整篇短文看一下，检查一下答案。

第四部分

第10—13题：请选出正确答案。

对于普通双排5座轿车而言，应该把哪个座位留给客人，才是最有礼貌的做法呢？专家表示，在社交应酬中，如果是主人自驾车陪客人出去游玩，那么副驾驶座就是最有礼貌的座位。而在公务接待中，副驾驶座后面的座位是最礼貌的座位。公务接待时，副驾驶座被称为"随员座"，一般是翻译、秘书的位置，让客人坐在这里是不礼貌的。

除了礼仪上的考虑，多数人更关心的是，车里哪个座位最安全。其实，坐在哪个座位，安全都是相对的。交通管理部门曾经资助一个专家小组专门研究这个问题。研究通过事故调查分析和实车检测后得出结论：坐在后排座正中间的乘客相对安全。

分析结果显示，出车祸时，车内后排乘客的安全指数比前排乘客高出至少59%，如果后排正中间的位置上有乘客，那么车祸时他的安全指数比后排其他座位的乘客高25%。这是因为与其他座位相比，后排正中间的位置与车头和左右两侧的距离最大，撞车时这个位置受到的挤压相对最轻。

如果不喜欢坐在中间位置，那么坐在司机后方也是不错的选择。但是研究人员强调说，保障安全的前提是车上所有人员都要系上安全带，否则再安全的汽车也无济于事。

10. 自己驾车时，把哪个座位留给客人是最礼貌的？
    A 副驾驶座　　　　B 驾驶座后座
    C 后排正中间　　　D 副驾驶座后座

11. 交通管理部门资助的项目，研究：
    A 怎样降低交通事故发生率
    B 应该把哪个座位留给客人
    C 小汽车里哪个位置最安全
    D 小汽车里哪个位置最舒适

12. 后排座乘客比前排座乘客的安全指数高：
    A 9%　　　　　　　B 25%
    C 将近40%　　　　D 超过50%

13. 根据上文，保障乘车安全最重要的是：
    A 不疲劳驾驶　　　B 系好安全带
    C 规定乘车人数　　D 选择安全座位

（样卷第81—84题）

答案：10. A　11. C　12. D　13. B

讲解：这部分试题和旧HSK（高级）阅读理解第二部分完全一样。阅读文章后从四个选项中选出答案，考查我们快速浏览文章，抓住细节、理解词句和概括总结的能力。

解题时为了节省时间不能每段每句都看，应该先看问题，再读文章，用问题中的关键词在文章中快速查找答案。比如第10题用问题的关键词"哪个座位……最礼貌"，很快就可以在文章第一段中找到相关的句子"……副驾驶座就是最有礼貌的座位"，→A✓。

第11题，用问题的关键词"交通管理部门"，很快就可以在文章第二段中找到相关的句子，联系上下文都是说"安全"问题，→C✓。

第12题，用问题中的数字可先确定答案在第3段，再找到关键词"后排……前排"，很快就可以找到相关的句子"……高出至少59%"，→D✓。

第13题用问题的关键词"保障乘车安全"，很快就可以在文章最后一段中找到相关的句子"保障安全的前提是车上所有人员都要系上安全带"，→B✓。

熟悉了新HSK（六级）阅读的题型，下面就来模拟一下。最好将四个部分的试题全部做完后，再看答案，别忘了记录一下自己的成绩。

新HSK 考题实战

二、阅读

第一部分：

第1—5题：请选出有语病的一项。

1. A 影片惊险的场面，曲折的情节，在吸引观众的同时，也在考验着人们的心理接受力。
   B 钢铁就像人，受的锻炼愈深，它的力量愈韧。
   C 世上什么东西都有一定的限度，这限度使万事万物得以平衡。
   D 终于爬到了山顶，秋子红红的脸蛋上又增添了一抹兴奋的光彩。

2. A 金庸的武侠小说被改编成电影、电视剧、电脑游戏，是很多年轻人喜爱的文化产品。
   B 外国留学生除了生活上的压力，在学习上的压力也很大。
   C 在我最困难时，他帮助了我，这份恩怨令我久久难忘。
   D 我们做任何事都得认清轻重缓急。

3. A 北京的天气非常干燥，所以我养成了出门带水杯的习惯。
   B 他的想法和我们存在很大的分歧，不及时解决就无法继续合作。
   C 即使你不说，我们该做的事也会做的。
   D 他来中国时间不长，可是说汉语很好。

4. A 写议论文必须冷静思考之后，才能写出最佳的作品。
   B 人们总爱以实用的眼光看事物，把不能使用的东西统统称为废物。
   C 因为水土不服，他一到中国就病了，我着急得不得了。
   D 艺术的欣赏是需要距离的，与实用的想法相差越远，越能得到纯粹的美感。

5. A 我们惟有建立自己的信誉，才能得到长久的生意。
   B 虽然计划得很好，可是实施过程中如果不考虑得周到，结果当然令人失望。
   C 演出结束后，人们津津有味地谈论起来。
   D 随着生产力的发展和科学技术的进步，人类对大自然的影响也越来越大。

---

1. **答案**：A
   讲解：用词错误。应改为"心理承受力"。

2. **答案**：C
   讲解：用词错误。"恩怨"应改为"恩情"。

3. **答案**：D
   讲解：语法错误。程度补语的正确语序是"（动词）+ 名词 + 动词 + 得 + 形容词"。应改为"汉语说得很好"或"说汉语说得很好"。

4. **答案**：C
   讲解：语法错误。"着急"、"生气"带程度补语时只说"急得……"、"气得……"。所以，应改为"我急得不得了"。

5. **答案**：B
   讲解：语法错误。程度补语的否定形式：动词 + 得 + 不 + 形容词。所以应改为"考虑得不周到"。

第二部分：

第6—10题：选词填空。

6. 在众多大学生的_____中，学习外语_____是为了看外文书籍，便于毕业求职、出国深造等，他们是把_____投向了逐渐世界化的未来。

    A 心   不但   眼睛

    B 心目   不仅   眼光

    C 脑子   就是   目光

    D 大脑   不仅   眼睛

6. **答案**：B
讲解：用排除法，第一个空儿"在……的_____中"可以排除D"大脑"，→D×；第二个空儿"_____是为了"不能选C"就是"，→C×；最后一个空儿很明显"把 眼光 投向……未来"是对的，→B√。

7. 他们是在学校的图书馆里相_____的，渐渐地两个人就_____到了一起。他们互相倾慕，然后开始经常_____出行。有一天，很偶然地，他们聊起了互相见面时的第一_____。

    A 见   来   常常   肖像

    B 识   走   双双   印象

    C 遇   跑   对付   形象

    D 认   唱   频频   表现

7. **答案**：B
讲解：用唯一确定法，最后一个空儿"见面时的第一 印象"，→B√。

8. _____不要买酥皮蛋糕。酥皮意味着必须加入大量脂肪，而且营养_____非常低。在目前情况下，加入的是植物起酥油，它含有反式脂肪。同样是高能量食品，奶酪蛋糕会好一些，因为至少奶酪中_____还_____大量的钙、维生素AD、维生素B族和蛋白质。

8. **答案**：A
讲解：用唯一确定法，最后一个空儿"……奶酪中_____还 含有 大量的钙……"，→A√。

A	尽量	价值	通常	含有
B	尽量	成分	经常	富有
C	尽力	含量	常常	包含
D	尽管	意义	时常	具有

9. 全球保修是在购买电脑时 _____ 的一种服务，拥有这项服务 _____ 着如果您购买的产品有任何问题都可以在全球范围内的客户服务中心得到 _____ 产品的技术支持，否则您只能在购买地的客户服务中心 _____ 技术支持和售后服务。

A	要求	暗示	这	探求
B	明确	关系	此	探索
C	提供	意识	本	寻找
D	指定	意味	该	寻求

9. 答案：D

讲解：用唯一确定法，第二个空儿"拥有这项服务 意味 着……"，→D✓。

10. 北京四合院之所以有名，首先 _____ 它的历史悠久。自元代正式建都北京，大 _____ 建设都城时起，四合院就与北京的宫殿、衙署、街区、坊巷和胡同同时 _____ 了。

A	在于	规模	出现
B	出于	面积	建立
C	因为	部分	创造
D	就是	格局	成立

10. 答案：A

讲解：用唯一确定法，第三个空儿"四合院就与北京的宫殿……和胡同同时 _____ 了"，这里"四合院"、"宫殿"等都是建筑，动词"建立"、"创造"、"成立"都不能和"建筑"搭配。所以可以排除B、C、D，→A✓，意思是"自元代开始出现了四合院、宫殿、胡同等。"

第三部分：

第 11—15 题：选句填空。

有个贵族，在祭祀过祖宗后，把祭祀用的酒赏给客人们喝。客人们拿着那壶酒，不知道该如何处理。他们觉得，这么多人喝这么一点儿酒，肯定不够，(11)_____，这样能喝得痛痛快快的。可是到底给谁好呢？于是，客人们商量了一个好办法，就是每个人各自在地上画一条蛇，谁先画好了，这酒就归谁。大家都同意了。

客人们一人拿一根小棍儿，开始在地上画蛇。有一个人画得很快，不一会儿，他就把蛇画好了，于是他把酒壶拿了过来。正当他要喝酒时，(12)_____。他便十分得意地又拿起小棍儿，自言自语地说："看我再来给蛇添上几只脚，你们也未必能画完。"边说边给画好的蛇画脚。

不料，这个人还没给蛇画完脚，手上的酒壶便被旁边一个人一把抢了过去。原来，(13)_____。这个给蛇画脚的人不高兴了，说："我最先画完蛇，酒应该归我喝！"那个人笑着说："你到现在还在画，而我已经画完了，酒当然是我的！"画蛇脚的人争辩说："我早就画完了，现在不过是趁时间还早，(14)_____。"那人说："蛇本来就没有脚，你要给它添几只脚那你就添吧，反正酒你是喝不成了！"(15)_____，这个给蛇画脚的人却只能眼巴巴地看着本属于自己而现在已被别人拿走的酒，后悔不已。

A 那个人的蛇画完了
B 还不如干脆给一个人喝
C 给蛇添几只脚而已
D 一眼看见其他人还没画完
E 那个人毫不客气地喝起酒来

答案： 11. B　12. D　13. A
　　　 14. C　15. E

讲解： 第 11 题 "这么多人喝这么一点儿酒，……_____，这样能喝得痛痛快快的。" 根据空儿前边的这句话我们可以去选项中找到和 "喝酒" 有关的选项 B 和 D，再根据空儿后边的句子，可以确定 B 是表示比较的，→B✓。

第 12 题 "正当他要喝酒时，_____。他便十分得意……"，根据空儿后边的句子在选项中找到 "得意" 的原因，→D✓。

第 13 题 "手上的酒壶便被旁边一个人一把抢了过去。原来，_____"，空儿前边 "一个人" 后边应说 "那个人"，所以对比一下 A 和 D，→A✓。

剩下两个句子第 14、15 题联系起来很容易找到答案：第 14 题空儿前边有 "不过" 正好和 C 组成固定结构 "不过……而已"，→C✓，那么第 15 题就只剩下答案 E 了。

第四部分：

第16—20题：请选出正确答案。

"狗不理"创始于1858年。清咸丰年间，河北武清县杨村有个年轻人，名叫高贵友，因其父四十岁才得子，为求平安养子，故取乳名"狗子"，期望他能像小狗一样好养活。

狗子十四岁来津学艺，在天津南运河边上的"刘家蒸吃铺"做小伙计，狗子心灵手巧又勤学好问，加上师傅们的精心指点，高贵友做包子的手艺不断长进，练就一手好活，很快就小有名气了。

学满三年后，高贵友已经精通了做包子的各种手艺，于是就独立出来，自己开办了一家专营包子的小吃铺——"德聚号"。他制作的包子不仅选料十分讲究，而且技艺十分独到，味道更是十分鲜美。每个包子有固定的15个褶，褶花疏密一致，如白菊花形，最后上炉用硬气蒸制而成。由于高贵友手艺好，做事又十分认真，从不掺假，制作的包子口感柔软，鲜香不腻，形似菊花，色香味形都独具特色，引得十里百里的人都来吃包子，生意十分兴隆，名声很快就响了起来。后来，慈禧太后慕名品尝，"龙颜大悦"，不禁也大加赞赏。从此，这种包子就<u>闻名遐迩</u>了，生意越来越红火，慕名前来品尝包子的顾客与日俱增，常常令狗子忙不过来。由于来吃包子的人越来越多，高贵友忙得顾不上跟顾客说话，这样一来，吃包子的人都戏称他"狗子卖包子，不理人"。久而久之，人们喊顺了嘴，都叫他"狗不理"，把他所做的包子称作"狗不理包子"，而原店铺字号却渐渐被人们淡忘了。

"狗不理"包子铺到现在已有一百多年历史了，而且越开越大，生意也越来越兴隆。他们还接待过一批又一批的国外旅游者。西哈努克亲王到天津时还特地约请"狗不理"包子铺的厨师到他的住地，为他制作"狗不理"包子，并且按照这家包子铺的传统吃法，吃了稀饭和酱菜。美国前总统布什在他任驻华联络处主任时，也曾慕名到天津去品尝"狗不理"包子。所以，天津有俗谚说："到天津不尝一尝'狗不理'包子，等于没有来过天津。"

答案：16. B 17. C 18. D 19. D 20. A

讲解：先看题目，然后到文章中查找相关的句子。第16题，第3段最后一句话说"他所做的包子称作'狗不理包子'，而原店铺字号却渐渐被人们淡忘了"，可知"狗不理"是现在的字号，对应第三段开头第1句"自己开办了一家专营包子的小吃铺——'德聚号'"，→ B ✓。

16. 包子铺原来的字号是：
    A 刘家蒸吃铺 B 德聚号
    C 狗不理   D 狗子
17. 人们为什么都来吃高贵友制作的包子？
    A 他做的包子如白菊花形
    B 慈禧太后慕名品尝，大加赞赏
    C 他做的包子色香味形独具特色
    D 他的生意兴隆，名声响
18. 高贵友卖包子为什么不理人？
    A 顾客跟他开玩笑
    B 他不会说话
    C 忙得不想跟顾客说话
    D 顾客多，忙不过来
19. 第3段中"闻名遐迩"是指：
    A 生意越来越红火
    B 吃包子的人越来越多
    C 包子有了好名字
    D 包子的名声响
20. 最后一段中天津俗谚的意思是说：
    A 到天津应该尝尝"狗不理"包子
    B 想尝尝"狗不理"包子只能到天津
    C 没去天津不能尝"狗不理"包子
    D 到天津不吃"狗不理"包子

第17题，第3段中"……色香味形都独具特色，引得十里百里的人都来吃包子"，→C✓。

第18题，第3段"……由于来吃包子的人越来越多，高贵友忙得顾不上跟顾客说话"中"顾不上"意思是"很忙，没时间"，→D✓。

第19题，"闻名遐迩"，意思是"远近都很有名"，→D✓。

第20题，最后一段"到天津不尝一尝……，等于没有来过……。"是双重否定，强调肯定，→A✓。

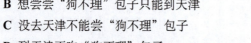
做完后把自己的成绩记录下来，以后每天可以比较一下自己是不是有进步噢。

阅　读	第一部分	第二部分	第三部分	第四部分
成　绩	%	%	%	%

语法练习

改病句（程度补语的常见错误）

1. 他踢足球很好极了。
   _____。

2. 他的英语不说得很流利。
   _____。

3. 几年不见，我们三个姐妹在一起有说不完的话，聊得热闹。
   _____。

4. 一听到这个好消息，他高兴得坏了。
   _____。

5. 听说他得到这么好的成绩，我们都激动要命。
   _____。

6. 虽然孩子唱不好听，但他那股认真劲儿赢得了大家热烈的掌声。
   _____。

7. 听说他这次病得很，已经住进了医院。
   _____。

8. 他生气脸都红了，眼睛也瞪圆了。
   _____。

9. 他爸爸看着他那无所谓的表情，生气不得了。
   _____。

10. 我也不知道她说得不对说得对。
    _____。

参考答案：

1. 他踢足球踢得好极了。

2. 他的英语说得很不流利。

3. 几年不见，我们三个姐妹在一起有说不完的话，聊得很热闹。

4. 一听到这个好消息，他高兴坏了。

5. 听说他得到这么好的成绩，我们都激动得要命。

6. 虽然孩子唱得不好听，但他那股认真劲儿赢得了大家热烈的掌声。

7. 听说他这次病得很严重，已经住进了医院。

8. 他气得脸都红了，眼睛也瞪圆了。

9. 他爸爸看着他那无所谓的表情，气得不得了。

10. 我也不知道她说得对不对。

单项训练（听力、阅读第一、二部分）

 题型分析：听力第一、二部分

听力第一部分：

这部分试题内容有概念性的，比如"矿泉水是指……"、"空姐是……"；也有信息类的，比如"秋季来临，很多北京市民会选择去香山观赏枫叶……"；还有幽默小故事。录音内容都比较短小，选项也比较迷惑人，做题时感觉还没听清就结束了。

做题时一定要先看选项，而且要快速找到"信息点"，排除多余的部分，更不要为生词浪费时间。因为看选项时是没有时间想的，听的时候才应该思考理解。另外，录音内容大部分是新的、独特的信息和观点，所以千万不要自己去想象"自己以为是什么"，一定要以听到的内容为准，理解整段话的中心内容。

听力第二部分：

这部分试题是采访，是人们面对面的对话，所以就会有一些客气话、玩笑话、谦虚的话等等，也就是说你听到的内容中有些可能并不是事实。还有，因为采访对象的身份、性格等不同，他们的观点也就比较独特，这些都需要我们一边听一边理解，千万不能听到什么就选什么，一定要注意总结概括，抓住谈话的核心。

学习要点：

看选项，快速找到"信息点"，也就是说用你最快的速度把A、B、C、D四个选项中一眼就能看到的词语画出来，然后在听的时候注意这些信息点，也可以边听边简单记一下。

下面就来模拟一下，不要急着听录音，先来看看选项，画出信息点，然后再听。最好将试题全部做完后，再看答案，别忘了记录一下自己的成绩。

新HSK考题实战：听力第一、二部分

一、听力

第一部分：

第1—5题：请选出与所听内容一致的一项。

1. A 那个男人不知道自己没有头发
   B 小孩儿想告诉那个男人他没有头发了
   C 那个男人听见了小孩儿的话
   D 妈妈担心孩子的话被男人听到

2. A 老人的钓鱼竿很好
   B 小孩儿喜欢钓鱼
   C 小孩儿觉得鱼太多了
   D 小孩儿想得到更多的鱼

3. A 女孩儿喜欢驾车
   B 母亲不想驾车送女儿
   C 女孩儿认为两条腿是用来驾车的
   D 母亲不知道自己的两条腿是干什么的

4. A 国务院由秘书长领导
   B 国务委员负责处理国务院的日常工作
   C 国务院由总理领导
   D 总理负责处理国务院的日常工作

5. A 关爱自己才会幸福
   B 关爱别人就是关爱自己
   C 要想得到回报，就要帮助别人
   D 得到关爱比关爱他人更幸福

录音文本：

1. 马路上，孩子指着前面的一个男人对妈妈说："妈妈你看，那个男人头上一根头发都没有！"妈妈赶紧说："小声点儿，让人家听见多不好。"孩子感到奇怪地说："怎么啦？他自己还不知道吗？"

2. 有个老人在钓鱼，一个小孩儿走过去目不转睛地看，老人没多久就钓上了满桶的鱼，老人见小孩儿很可爱，要把一桶鱼都送给他，小孩儿摇摇头。老人问："你为何不要？"小孩儿回答："我想要你手中的钓鱼竿。"老人问："你要钓鱼竿做什么？"小孩儿说："这一桶鱼没多久就吃完了，要是我有钓鱼竿，我就可以自己钓，一辈子也吃不完。"

3. 女孩儿外出，总要她母亲驾车送她。母亲教训女儿说："你说咱们的两条腿是用来干什么的？"女儿回答："一条用来刹车，另一条用来踩油门。"

4. 中华人民共和国国务院是中国最高国家行政机关，由总理、副总理、国务委员、各部部长、各委员会主任、审计长、秘书长组成。国务院实行总理负责制。国务院秘书长在总理领导下，负责处理国务院的日常工作。国务院设立办公厅，由秘书长领导。

5. 相信每个人都会对自己很关爱，但我们在关爱自己的同时也可以尝试着去关爱别人，因为关爱别人就是关爱自己。得到他人的关爱是一种幸福，关爱他人更是一种幸福，因为只有你关爱了别人，在你需要帮助的时候别人才会回报你。

答案：1. D 2. D 3. C 4. C 5. B

第二部分:

第 6—10 题:请选出正确答案。

6. A 教授
   B 演讲家
   C 作家
   D 主持人

7. A 节目不是生活
   B 把工作和生活分开
   C 工作不是生活
   D 做人做事认真、高兴

8. A 《汉代风云人物》
   B 《史记》
   C 《百家讲坛》
   D 以上都不是

9. A 遍地是文化
   B 非常神奇
   C 开阔而大气
   D 很可笑

10. A 应该爱这个世界
    B 必须"以人为本"
    C 让人善良
    D 让人振奋

录音文本:

第 6 到 10 题是根据下面一段采访:

女:易老师,您做客央视《百家讲坛》,主讲了"汉代风云人物"系列讲座,风趣的语言、声情并茂的表演,有趣地还原了历史的本来面目。看您的节目,觉得您是个很有趣的人,生活中您也是这样的吗?

男:节目不是生活吗?生活不是节目吗?我不把工作和生活分开,我的工作就是我的生活。我的主张是:认认真真做事,认认真真做人;高高兴兴做事,高高兴兴做人。

女:您最喜欢谁的书?对您影响最大的书是哪几本?

男:最喜欢马克思的书、鲁迅先生的书。对我影响最大的是:马克思的《法兰西内战》、鲁迅的《阿Q正传》、康德的《判断力批判》、司马迁的《史记》、还有《红楼梦》和《水浒传》。

女:您的电视演讲稿什么时候能出书?大家都很期待啊。

男:我也不知道,节目还没做完啊。

女:看到您口若悬河地讲,好多人都很惊讶。演讲才华是什么时候显露出来的?

男:你是第一个说我有"演讲才华"的人。

女:我曾经到新疆采访过,觉得那是个了不起的地方,非常神奇。您曾经在那里插过队,您开阔的视野,与在新疆的经历有关吗?

男:新疆确实开阔而大气啊!这是没去过的人体会不到的。面对巍巍雪山、茫茫戈壁,你会觉得为了一些鸡毛蒜皮的小事去生闲气,实在是一件可笑的事。还有,你应该也有体验的,就是新疆的天空特别干净,星星特别明亮,那是许许多多看着你的眼睛啊!

女:您到过山东吗?对山东印象如何?

男:到过,我特别喜欢山东。去过孔子的故乡曲阜,但太匆忙,没能好好领略,有机会我还想去。山东遍地是文化,就是喝酒受不了。

女:山东是儒学的发祥地,您谈的许多观点,对山东观众来说,显得很亲切。您觉得在当代,应该如何继承包括儒家思想在内的文化传统?

男:很希望有机会讲讲孔孟。读孔子让人善良,读孟子让人振奋。读孔子,你会觉得应该爱这个世界,读孟子,你会觉得不做点事情就太不应该了。这是我的看法,我是把儒家思想当作人生哲学来看的。继承包括儒家思想在内的文化传统,必须"以人为本"。

女:您有什么业余爱好?喜欢哪种体育活动?

男:到《百家讲坛》讲三国呀!那不是我的专业,我的专业是古代文学研究,我的工作主要还是带学生,这只能算"业余爱好"了。体育活动?遛狗算不算?

6. 男的是干什么的?
7. 男的主张什么?
8. 男的喜欢的书是哪一本?
9. 男的对新疆的印象是什么?
10. 男的认为应该如何继承包括儒家思想在内的文化传统?

答案:6. A 7. D 8. D 9. C 10. B

题型分析：阅读第一、二部分

阅读第一部分：

　　这部分试题要求找出有语病的一项，四个选项都比较长，而且内容都各不相关，很多学生就喜欢不停地读每一句话，希望通过自己的"语感"来感觉到错误。但是由于一方面题目在设计时就考虑到了外国人常犯的习惯性错误，另一方面学生在读来读去的过程中可能就会习惯了试题的说法，再加上一些生词的影响，这样就感觉不到错误到底是什么。所以在做这部分试题时先不要理会生词，先跳过生词障碍理解每句话的大概意思，然后画出语法点，把词语搭配找出来，看看有没有问题。

　　平时在学习中一定要注意总结病句的种类，一般常见的病句有：语法结构错误、词语搭配不当、逻辑关系混乱等。只要不断地积累这些经验，就会知道在一句话中哪部分容易错，这样有了"关注点"，就容易比较出有错误的一项。

阅读第二部分：

　　这部分试题词汇量很大，要求我们充分理解题目给出的一段话，然后结合句子的意思和语法关系来选择合适的词。一般选项中提供的词，词形都是相似的，容易混淆，所以，平时在学习中一定要记住一些重点生词的用法和区别。另外，在做题时要重视方法，先看语段再看选项，了解了大概内容，就容易搭配出相关的词语。

学习要点：

　　先大概读一下句子，理解句子的大概内容，然后再具体分析，画出关联词、词语搭配、句子主干（主谓宾结构），有时句子中会有一些"信息"帮助你去选择答案。

　　做完题后要把第一部分病句的错误分类，本周主要学习补语的错误。把第二部分的词类搞清楚，比如动词、形容词、副词等。

 下面就来模拟一下，最好将试题全部做完后，再看答案，别忘了记录一下自己的成绩。

新HSK考题实战：阅读第一、二部分

二、阅读

第一部分：

第 11—15 题：请选出有语病的一项。

11. A 我喜欢登山，我认为登山是人类与大自然的对话和搏斗。
    B 如果你不看到自己的不足，那么你将停步不前，不会再有进步。
    C 人的一生中必然会经历许多失败，当然也会经历许多成功。
    D 如果你为其他人或事而苦闷懊恼，你的生活就会被他们支配。

12. A 运气不好的人其实他的一生也是有好运做伴的，只是他不记得。
    B 母亲总是告诫我：要想成为一个优秀的人，就得下定决心，养成良好的做事习惯。
    C 无论做什么事情，都应该尽心尽力，一丝不苟。
    D 留学生活即将结束，发生北京的种种琐事都将成为我记忆中最宝贵的东西。

13. A 每到春节，无论多忙，我都会飞回去故乡与家人团聚。
    B 她始终保持着自己一贯的风格和魅力，这是我喜欢她的原因。
    C 在他看来，任何事都比不上工作重要。
    D 一个人取得成功不可能是一帆风顺的，在通往成功的道路上总会遇到坎坷。

14. A 了解自己、认识自己的优势和弱点，是作为一个成熟的人的前提之一。
    B 柳传志曾在中国科学院计算机所从事科学研究工作，1984年，中科院给了他20万元作为投资创办联想公司的资本。
    C 多年以来，我已养成了"开夜车"的习惯，常常写文章到凌晨三四点，有时甚至早上吃完早饭才去睡觉。
    D 一部著作，读者用几个小时就可以把它看完，可作家却辛辛苦苦地几乎为它写白了头。

15. A 我很后悔自己刚来中国时没有住到中国人家里去，那样的话我的汉语可以进步很多。
    B 我一直深怀感激的是，我之所以能走上成功之路是靠一位老师的指点，我是照着他的样子做的。
    C 在王老师的鼓励下，我的汉语在不知不觉中好了许多，考试成绩也提高起来了。
    D 很长时间以来，她一直在埋头教学，社会交往也不多，仿佛与世隔绝了一般。

---

11. **答案**：B
    讲解：结果补语的否定错误。"看到"是结果补语，它的否定形式是"看不到"，表示过去没达到的结果，B句中"不看到"，意思是"不能看到"。所以应该用结果补语的否定形式"动词+不+结果"。应改为"如果你看不到……"。

12. **答案**：D
    讲解：介宾补语错误。"北京"是处所名词，动词"发生"后应加上介词，所以，应改为"发生在北京……"。

13. **答案**：A
    讲解：趋向补语错误。趋向补语连接处所宾语时结构为：动词+处所+来/去。所以"飞回去故乡"应改为"飞回故乡去"。

14. **答案**：C
    讲解：时量补语错误。时量补语有宾语时结构为：动词+宾语+动词(+到)+时量补语。所以"写文章到凌晨三四点"应改为"写文章写到凌晨三四点"。

15. **答案**：C
    讲解：趋向补语的引申用法错误。应改为"提高上来"。

第二部分：

第 16—20 题：选词填空。

16. 二十几岁是人生的春天，这个春天非常_____，如果不_____播下种子，等到了夏天再播，种子就不易发芽了。即使发芽了，成长的过程也会变得_____艰辛，因此聪明的农夫绝不会错过春天这个_____播种的季节。

A	短暂	及时	异常	适合
B	急促	及早	十分	合适
C	暂时	尽早	非常	适应
D	临时	尽快	超常	适当

16. 答案：A

讲解：用唯一确定法，最后一个空儿"……春天这个_____播种的季节。"这里需要动词，四个选项中只有"适合"、"适应"可以作动词，但"适应"是指习惯于环境的变化，意思不符合，→ A √。

17. 近日，国防部征兵办公室_____了《女兵征集工作试行办法》，_____女兵征集改革，调整征集对象，全面推行面向社会_____报名征集。该办法是征兵工作贯彻落实科学发展观，提高女兵征集质量，从制度上预防和纠正不正之风，推进征兵法制化建设的重要_____。

A	宣布	深刻	普通	措施
B	公布	加深	普及	方法
C	颁布	深化	普遍	举措
D	颁布	深入	遍及	政策

17. 答案：C

讲解：用唯一确定法，第三个空儿"面向社会_____报名征集"，在四个选项中，只有"普遍"可以加动词，→ C √。

18. 宫保鸡丁，黔菜传统名菜，_____鸡丁、干辣椒、花生米等炒制而成。由于其入口鲜辣，鸡肉的鲜嫩_____花生的香脆，广受大众欢迎。_____在英美等西方国家，宫保鸡丁"泛滥成灾"，几乎成了中国菜的代名词，_____类似于意大利菜中的意大利面条。

18. 答案：D

讲解：用唯一确定法，第一个空儿"由_____炒制而成"，固定用法"由……动 成"。动词是单音节可以直接加"成"如：由……组成，动词是双音节用"动 而成"如：水由氢和氧化合而成，→ D √。

A	被	合成	特别	形式
B	从	配备	特别	情景
C	用	合并	尤其	情况
D	由	配合	尤其	情形

19. 诗歌的功能在于潜移默化、沁润人心，为了达到这种艺术 _____ ，诗歌要能吸引读者的参与，_____ 读者阅读的主动性和积极性，因此它不必也不该把话说满说尽，需给读者留下再创造的 _____ 空间。这样才能 _____ 双向交流的完美境地。

A	境界	发挥	广阔	达到
B	作用	引导	广泛	进入
C	效果	调动	宽阔	到达
D	成果	吸引	宽广	发挥

19. 答案：A

讲解：用排除法，第一个空儿"达到……_____"不能和"成果"搭配，→D×；第三个空儿"_____ 空间"不能用"广泛"修饰，→C×；最后一个空儿"到达"应搭配具体的处所。"_____ 达到……境地"是对的，→A√。

20. 在你的组织里，即便没有 _____ 标准，员工也在做事。但员工所做的也许不是你想要他们做的事情，或者不是有利于你 _____ 目标的事情。然而，如果有了衡量标准，而且坚持不断地 _____ 这些标准，你就会看到自己取得的 _____ 。

A	评价	发挥	参考	进步
B	考查	引导	对照	进步
C	衡量	实现	参照	进展
D	度量	吸引	参谋	发展

20. 答案：C

讲解：用唯一确定法，第一个空儿"没有 _____ 标准"，再继续看句子的后半部分"然而，如果有了衡量标准"，前后对应就很容易得出答案了，→C√。

做完后把自己的成绩记录下来，比较一下自己是不是有进步噢。

	听力第一部分	听力第二部分	阅读第一部分	阅读第二部分
成绩	%	%	%	%

语法练习

改病句（结果补语、介宾补语、趋向补语、可能补语的常见错误）

1. 我晚上十二点半才完了作业。
   _____。

2. 天安门广场可真大呀，我从来没有看那么大的广场。
   _____。

3. 他红着脸走到老师，半天也没说清楚到底是怎么回事。
   _____。

4. 我看了半天，可还是看得不明白这篇文章的意思。
   _____。

5. 我今年春节得回去韩国和家人团聚。
   _____。

6. 我常常在夜深人静的时候回忆起上大学的日子，也自然地想起来他。
   _____。

7. 我还不做完老板安排的工作，看来得加班了。
   _____。

8. 别看现在忙得不得了，可一到冬天农民们就闲起来了。
   _____。

9. 这件事说起来容易，可真正实施下来却困难重重。
   _____。

10. 他毕业名牌大学，是我们公司不可多得的人才。
    _____。

参考答案：

1. 我晚上十二点半才做完了作业。/我晚上十二点半写完了作业。

2. 天安门广场可真大呀，我从来没有看到过那么大的广场。

3. 他红着脸走到老师面前，半天也没说清楚到底是怎么回事。

4. 我看了半天，可还是看不明白这篇文章的意思。

5. 我今年春节得回韩国去和家人团聚。

6. 我常常在夜深人静的时候回忆起上大学的日子，也自然地想起他来。

7. 我还没做完老板安排的工作，看来得加班了。

8. 别看现在忙得不得了，可一到冬天农民们就闲下来了。

9. 这件事说起来容易，可真正实施起来却困难重重。

10. 他毕业于名牌大学，是我们公司不可多得的人才。

星期四

单项训练（听力第三部分，阅读第三、四部分）

题型分析：听力第三部分

听力第三部分：

这部分试题的最大特点就是录音比较长，问题也比较多，在听录音的时候，也许你一走神，就错过了重要的内容，录音结束后根本找不到答案。常常有学生抱怨："老师，我的眼睛不够用，一边听录音，一边看选项，结果听也听不懂，看也没看明白。"也有一些同学干脆就不看选项，一边听，一边埋头努力把听到的内容都记下来，结果呢，听完后来不及理解整篇短文的中心意思，而且记录的也不完整，跟问题有关的内容都没记下来，当然也找不到答案了。

我们的方法是：先看选项。这和听力的第一、二部分是一样的，但不同的是你必须更快地"锁定范围"。比如：我们听到录音中说"第1到3题是根据下面一段话"，那么你应该马上在试卷上把第1—3题的A、B、C、D选项画在一个范围里，然后快速地查找关键词。这时还要注意的是"只看不想"，不要考虑这个选项是什么意思，因为你的注意力应该放在"听"上，也就是说"边听边想"。这样你才能听明白整篇文章的大概内容，然后再把你听到的内容和看到的词语联系起来，在选项旁边简单地做些记号。

另外，还有"听清"问题，因为有时候提出的问题也会出乎意料。比如："哪个选项不对"、"哪一项录音中没提到"。类似这样的问题如果你没注意听，肯定会选错的。

学习要点：

1. 看选项，快速找出关键词。
2. 跳过生词障碍，概括总结文章的大概意思。

> 只是知道了方法还不够，在做题中一定要习惯用这些方法！下面就来模拟一下吧。

新HSK考题实战：听力第三部分

一、听力

第三部分：

第1—7题：请选出正确答案。

1. A 保护环境
   B 防止灾害
   C 森林的作用
   D 如何保护森林

2. A 可防止水旱灾害
   B 提供木材
   C 是地球生态系统的主体
   D 使大气中的二氧化碳含量升高

3. A 面积为10万亩的森林，可产生200万立方米的水
   B 没有森林，生物是无法生存的
   C 森林是地球形成的条件
   D 大约在4亿年以前，陆地上才产生了森林

4. A 典礼就绪后
   B 公司开张时
   C 清早把店门打开时
   D 顾客太多时

5. A 防止发生意外事故
   B 按照风俗办事
   C 让观众参观
   D 希望生意兴隆

6. A 公司开始营业了
   B 为了发财致富
   C 为了让顾客购买货物
   D 不是故意的

7. A 老板
   B 老板的小女儿
   C 知名人士
   D 主持人

录音文本：

第1到3题是根据下面一段话：

森林对于保持水土、防止水旱灾害的作用非常大！据专家测算，一片面积为10万亩的森林，相当于一个200万立方米的水库。正如农谚所说："山上多栽树，等于修水库，雨多它能吞，雨少它能吐。"

说起森林的功劳，那还多得很。它除了为人类提供木材及多种生产生活的原料之外，在维护生态环境方面的功劳也是特别大的。同时，它还用另一"能吞能吐"的特殊功能孕育了人类。因为地球在形成初期，大气中的二氧化碳含量很高，氧气很少，气温很高，生物是难以生存的。大约在4亿年以前，陆地上才产生了森林。森林慢慢将大气中的二氧化碳吸收，同时吐出新鲜氧气，调节气温，这才使地球具备了人类生存的条件。

森林，是地球生态系统的主体，是大自然的总调度室，是地球的绿色之肺。森林维护地球生态环境的这种"能吞能吐"的特殊功能是其他任何物质都不能取代的。因此，我们必须高度重视植树造林，并且保护好森林。

1. 这段话主要讲了什么？
2. 关于森林，下面哪一项不正确？
3. 根据本文，下列哪项正确？

答案：1. C 2. D 3. D

第4到7题是根据下面一段话：

剪彩的来历有两种说法。一种传说是剪彩起源于西欧。古代的西欧造船业比较发达，新船下水时往往会吸引成千上万的观众。为了防止发生意外事故，在新船下水前，人们会用绳索设置一道"防线"。等新船下水典礼就绪后，主持人就剪断绳索让观众参观。后来绳索改为彩带，人们就给它起了"剪彩"的名称。

另一种传说是剪彩最早起源于美国。据说1912年在美国一个小镇上，有一家大百货公司将要开张。老板威尔斯为了讨个吉利，严格按照当地的风俗办事，一大清早就把店门打开，并在门前横系着一条布带。万事俱备，只等正式开始的时刻。但万万没有想到的是，老板的小女儿牵着一条哈巴狗，从店里匆匆地跑到店外，无意中碰断了横在门前的布带。这时在门外的顾客以及过路的行人都以为该公司开始营业了，于是人们蜂拥而入，并且争先恐后地购买货物，生意一下子变得非常兴隆。不久以后，当威尔斯的第二家分公司又要开张时，他忽然想起第一次开张时的盛况。为了发财致富，老板又借用上次的手法，效果自然不错。后来，人们效仿此法，又用彩带取代了色彩单调的布带，并用剪刀剪断彩带，有的甚至用金制剪刀。这样一来，人们就正式给它起了个"剪彩"的名称。

这一形式后来风靡了全世界，隆重的剪彩仪式随处可见，许多知名人士、影视明星都当过剪彩人。

4. 剪彩仪式一般是在什么时候举行？
5. 剪彩的目的是什么？
6. 老板的小女儿为什么弄断了横在门前的布带？
7. "剪彩人"一般是什么人？

答案：4. B 5. D 6. D 7. C

题型分析：阅读第三、四部分

阅读第三部分：

相对于旧HSK（高级）来说，这一部分的题型可以说是很独特的，也是比较难的。一方面题目给出的文章比较长（大概500字左右），另一方面内容多是一些典故，这些故事都是平时我们不太了解的内容。所以在短时间内读懂、选出答案真是不太容易。

我们的目标就是快速、准确地选出答案。这样我们就不能用很多时间很详细地看文章，要先理解空儿前后的句子，然后根据意思和一些有关系的词去找选项，比如人物关系、连词等。一定要注意不能看到什么就选什么，要在理解的基础上作出选择。5个答案都选出来后，一定还要再重新确认一下。

阅读第四部分：

这部分和旧HSK（高级）一样，方法也是做阅读题最常用的"查找法"，也就是先看问题，再看文章。因为这部分试题的文章内容都比较长，所以千万不要在与问题无关的部分停留，用问题中出现的关键词在文章中快速查找，找到后再把整句话和选项对比理解一下，保证答案的准确性。其实这部分的答题方法和听力第三部分是一样的，不同的只是一个用耳朵，一个用眼睛。所以我们在学习时要把这两部分的方法结合起来，效果会很好。

学习要点：

1. 先看选项，找出关键词（在文章中会出现的词语）。
2. 用关键词在文章中查找答案，练习眼睛快速查找的能力。

> 熟悉了新HSK（六级）阅读的题型，那下面就来模拟一下，最好将四个部分的试题全部做完后，再看答案，别忘了记录一下自己的成绩。

新HSK考题实战：阅读第三、四部分

二、阅读

第三部分：

第8—17题：选句填空。

8—12.

有一个人，平时喜欢喝酒。他家的院中有一棵大槐树，是一个乘凉的好地方。

他过生日的那天，亲朋好友都来祝贺，他一时高兴，多喝了几杯酒。夜晚，亲友们都回去了，(8)＿＿＿＿＿＿，不知不觉间睡着了。

梦中，他被两个使臣邀去，进入一个树洞。洞内是另外一个世界。洞内的国家正在举行选拔官员的考试，他也报了名。考了三场，他名列第一。(9)＿＿＿＿＿＿，又很有才气，非常喜爱，就把公主嫁给了他。

婚后，夫妻感情十分美满。不久，他被皇帝派去一个地方做官。他工作认真，经常检查部下的工作，当地的百姓都很尊敬他，(10)＿＿＿＿＿＿。三十年过去了，他自己也有了五男二女七个孩子，生活非常幸福。

有一年，别的国家派兵来侵犯，将军们多次被敌军打败。皇帝急忙召集官员们商量，大臣们都束手无策。(11)＿＿＿＿＿＿，非常生气，立刻下令，调他统率全国的精锐兵力与敌军作战。

他接到皇帝的命令，立即统兵出征。可是，(12)＿＿＿＿＿＿，与敌军刚一交战，就被打败了，手下兵马损失惨重。皇帝得到消息，非常失望，下令撤掉他的一切职务。他回到家，想想自己一世英名毁于一旦，羞愤难当，大叫一声，从梦中惊醒。他发现他梦境中的国家原来是大槐树下的一个蚂蚁洞，一群蚂蚁居住在那里。

A 皇帝见他长得很帅
B 皇帝看了大臣们的样子
C 他带着几分醉意在大槐树下躺着
D 他对兵法一无所知
E 皇帝也赏给他许多金银财宝

答案： 8.C 9.A 10.E 11.B 12.D

讲解： 先看一下五个选项，很容易发现人称"皇帝"、"他"是关键。再看第8题，"他一时高兴，多喝了几杯酒……亲友们都回去了，＿＿＿＿，不知不觉间睡着了"，就能推测是"他"睡着了，所以看选项C、D，根据"喝酒"就能找到C中的"醉"是有关的，→C√；

第9题"＿＿＿＿，又很有才气，非常喜爱，就把公主嫁给了他"，可以由"公主"知道跟"皇帝"有关，再看到"又很……"能找到"长得很帅"，→A√；

第10题，"当地的百姓都很尊敬他，＿＿＿＿"可以找到"当地的百姓"和"皇帝也……"是配合的，→E√；

第11题，"大臣们都束手无策。＿＿＿＿，非常生气，"由"大臣……"、"……生气"可以理解出答案，→B√；

最后一题当然就是D了。选完之后，再把选定的答案放在文章中看看是不是符合文章的意思。

13—17.

　　曾经有人做过一个实验，将一只最凶猛的鲨鱼和一群热带鱼放在同一个巨大的鱼缸里，然后用钢化玻璃把它们隔开。

　　最初，鲨鱼每天都会不断地冲撞那块透明的玻璃，但是白白浪费了力气，(13) _____。而实验人员每天都把一些鲫鱼放在鲨鱼的那半个鱼缸里，所以鲨鱼也没缺少过食物。只是它仍想到对面去,想尝试那美妙的滋味，(14) _____，它试了每个角落，每次都是用尽全力，但每次都弄得伤痕累累，有好几次都浑身破裂出血，持续了好些日子。每当玻璃一出现裂痕，(15) _____。

　　后来，鲨鱼不再冲撞那块玻璃了，对那些色彩斑斓的热带鱼也不再在意，好像它们只是墙上会动的壁画。(16) _____，然后用他敏捷的本能进行捕食，好像恢复了在海中不可一世的凶狠霸气。

　　实验到了最后阶段，实验人员将玻璃取走，但鲨鱼却没有反应，(17) _____。它不但对那些热带鱼视而不见，甚至当那些鲫鱼逃到那边去时，它都立刻放弃追逐，说什么也不愿再过去。

　　实验结束了，实验人员讥笑它是海里最懦弱的鱼。

　　A 它开始等着每天固定会出现的鲫鱼
　　B 始终不能到对面去
　　C 实验人员马上加上一块更厚的玻璃
　　D 每天仍是不断地冲撞那块玻璃
　　E 每天仍是在固定的区域里游着

答案：13. B　14. D　15. C
　　　　16. A　17. E

讲解：先看一下选项，用最快的速度看到的就是"它"、"鲫鱼"、"实验人员"、"玻璃"，然后看第13题，"鲨鱼每天都会不断地冲撞那块透明的玻璃，但是白白浪费了力气，_____。"由"白白浪费"可知是没有结果，可以找到选项B"不能……"，→ B ✓；

第14题，"它仍想到对面去，想……，_____，"可以判断是"D或者E"，联系第1个空儿前边的句子"不断地冲撞……"，→ D ✓；

第15题，"每当玻璃一出现裂痕，_____。"可以理解"玻璃"有问题时，"实验人员"来解决，→ C ✓；

第16题和第17题来比较一下，容易确定的是最后的"但鲨鱼却没有反应，_____。"可以看出"没有反应"和E中的"固定"从意思上是对应的，→ 17. E ✓；那当然→ 16. A ✓。

第四部分

第 18—28 题：请选出正确答案。

18—20.

一位美国商人留给三个儿子的财产只有可怜的三样东西：一本价值 100 美元的经济学论著，一辆折合 1,000 美元的卡车，以及 500 美元的现金。

老大挑了经济学论著，老二选了卡车，老三只得要了现金。

一年之后，三兄弟聚在一起，聊起了各自的收获。老大说："我花了半年的时间，认真钻研经济学论著，之后，又用半年的时间到大学里讲学，挣了 5,000 美元。"

老二骄傲地说："我这一年相当辛苦，用那辆卡车为商场运货，赚了 20,000 美元。"

轮到老三了，他平静地说："其实，当初我最想要的是卡车，可被二哥选走了。我拿着那 500 美元，去了二手车市场，以 100 美元一辆的价格买了 4 辆旧卡车，又花了 80 美元对卡车进行维修，剩下的 20 美元花在了旧书店里，买了一本和大哥一样的二手经济学论著。我雇用了四个司机，让他们跑长途运输，我负责联系业务，抽空就看书充实自己，把学到的东西运用到运输业务中。赚来的钱，一部分给司机发工资，另一部分再购买二手卡车，扩大再生产，现在的资产不低于 100 万美元。"

老三的聪明之处在于，将有限的资本进行

答案：18. B 19. D 20. D

讲解：先看题目、选项，然后到文章中查找相关的句子。

第 18 题，文中说老大"挣了 5,000 美元"，老二"赚了 20,000 美元"，而老三"现在的资产不低于 100 万美元"。可见，老二的财富价值不是最高的，→ B ✓。

第 19 题，看最后一段"如果……得到……卡车……"可以知道"得到卡车"只是假设的，→ D ✓。

放大,即使老三得到的是那本经济学论著,同样也会发财,他一定会把讲学得到的钱,用来购买二手卡车。如果说他得到那辆折合1,000美元的卡车就更好了,他会以新换旧购买8辆二手卡车,业务一定比现在做得还大,而老大和老二只在利用"一本书"和"一辆车"的有限价值,创造着有限的财富。

18. 根据上文,下列哪项是错误的?

    A 一年之后,老大赚的钱是最少的

    B 老二得到的财产价值最高

    C 老三如果得到卡车会比现在的资产更多

    D 老三当初不想要现金

19. 老三没有做过的事情是:

    A 花了80美元维修旧卡车

    B 买了一本二手经济学论著

    C 用赚来的钱扩大再生产

    D 以新换旧购买8辆二手卡车

20. 最适合做文章标题的是:

    A 聪明的老三

    B 用二手卡车创造的财富

    C 三个兄弟的财产

    D 无限放大有限的价值

第20题,问题问到的是"文章标题是什么"、"文章主要说了什么",这类问题的答案一般都在文章的开头或者结尾,所以看文章的结尾很容易找到对应的选项,→ D ✓。

21—24.

一位青年大学毕业后，曾为自己树立了许多目标，可是几年下来，依然一事无成，他满心烦恼地去找一位智者。

智者微笑着听完青年的倾诉，对他说："来，你先帮我烧壶开水！"

青年看见墙角放着一把极大的水壶，旁边是一个小火灶，可是没发现柴火，于是便出去找。他在外面拾了一些枯枝回来，装满一壶水，放在灶台上，在灶内放了一些柴便烧了起来，可是由于壶太大，那捆柴烧尽了，水也没开。于是他跑出去继续找柴，回来发现那壶水已经凉得差不多了。这回他学聪明了，没有急于点火，而是再次出去找了些柴，由于柴准备充足，水不一会儿就烧开了。

智者忽然问他："如果没有足够的柴，你该怎样把水烧开？"

青年想了一会儿，摇了摇头。

智者说："如果那样，就把水壶里的水倒掉一些！"

青年若有所思地点了点头。

智者接着："你一开始踌躇满志，树立了太多的目标，就像这个大水壶装了太多水一样，而你又没有足够的柴，所以不能把水烧开。要想把水烧开，你或者倒出一些水，或者先去准备柴！"

青年恍然大悟。回去后，他把自己计划中所列的目标去掉了许多，只留下最近的几个，同时利用业余时间学习各种专业知识。几年后，他的目标基本上都实现了。

21. 第二次出去找柴回来发现水凉了，青年人：
   A 变聪明了　　　　B 继续找柴
   C 继续烧水　　　　D 把水倒掉一些
22. 智者为什么让年轻人烧水？
   A 想请青年帮忙　　B 没有足够的柴
   C 大水壶装了太多水　D 想让青年明白道理
23. 关于青年，可以知道：
   A 刚从大学毕业　　B 他所有的目标都实现了
   C 他放弃了许多目标　D 以前不太聪明
24. 上文想要告诉我们什么？
   A 要为自己树立目标
   B 不能树立太多目标
   C 目标和才能一致才能成功
   D 要学习各种专业知识

答案：21. B　22. D　23. C
24. C

讲解：先看题目、选项，然后到文章中查找相关的句子。

第21题，第3段中"……这回他学聪明了，没有急于点火，而是再次出去找了些柴"，这里的"学聪明了"并不是说他比以前聪明，而是说他有了好主意，→A×、B√。

第22题，我们看最后一段"青年恍然大悟"可以知道智者真正的目的是想让年轻人明白其中的道理，→D√。

第23题也是最后一段中"他把自己计划中所列的目标去掉了许多"，→C√。

第24题很容易选成B，但是，我们看智者说的话"像大水壶装了太多水一样，而你又没有足够的柴"，这里的"水"比喻"目标"，而"柴"比喻"才能"，所以，是从两方面来说的，并不是只说"目标多"，→C√。

25—28.

有一个皇帝想修京城里的一座寺庙，便派人去找技艺高超的设计师，希望能够把寺庙修得美丽而庄严。

很快，就有两组人员被找来了，其中一组是京城里有名的工匠，另外一组是几个和尚。皇帝不知该选哪一组，就出了道试题，让这两组人各去整修一个小寺庙，这两座寺庙恰好面对面。皇帝说，只给他们三天时间，三天之后，他去查看效果。

工匠一组向皇帝要了一百多种颜色的颜料，又要了很多的工具。而和尚这一组却只要了一些抹布和水桶。

三天之后，皇帝来了。他首先查看的是工匠们所装饰的寺庙，只见这座寺庙五颜六色，所用的工艺也非常精巧，皇帝满意地点点头。

接着，皇帝又转头看和尚整修的寺庙，只看了一眼就愣住了：寺庙非常干净，里面所有的物体都显出了它们原来的颜色，而它们光泽的表面就像镜子一样，反射出外界的色彩——天上的云、地上的树，以及对面五颜六色的寺庙——外界的一切，都变成了它美丽色彩的一部分，而这座寺庙只是宁静地接受着这一切。皇帝被这种庄严深深感动了。

每件事物都有自己的风格和特点，有时我们需要做的，仅仅是如实地展现它们。

25. 修寺庙的两组人员是：
   A 设计师和工匠　　　B 和尚和设计师
   C 百姓和工匠　　　　D 和尚和工匠
26. 和尚向皇帝要了一些什么？
   A 很多的工具　　　　B 抹布和水桶
   C 一百多种颜色的颜料　D 什么都没要
27. 和尚修的寺庙怎么样？
   A 不如另外一座寺庙　B 很宁静
   C 五颜六色、工艺精巧　D 非常庄严
28. 这段话想要告诉我们什么？
   A 和尚更了解寺庙，知道寺庙需要什么样的装修
   B 皇帝更喜欢和尚的装修风格
   C 如实展现事物的风格和特点，比刻意装饰更好
   D 宁静地接受一切，会使自己变得更加美丽庄严

答案： 25. D　26. B　27. D　28. C

讲解： 先看题目、选项，然后到文章中查找相关的句子。

第25题，第2段中"其中一组是京城里有名的工匠，另外一组是几个和尚"，→ D √。

第26题，看第3段"而和尚这一组却只要了一些抹布和水桶"，→ B √。

第27题，在第5段中"皇帝被这种庄严深深感动了"，→ D √。

第28题，问的是文章的主要内容，在最后一段强调的是"……如实地展现它们"，→ C √。

做完后把自己的成绩记录下来，比较一下自己是不是有进步噢。

	听力第三部分	阅读第三部分	阅读第四部分
成　绩	％	％	％

语法练习

改病句（数量补语、定语、状语的常见错误）

1. 我来一年多中国了，汉语说得还是不流利。
   _____。

2. 他给我打电话三次了，正巧那时我在国外。
   _____。

3. 同样的商品，百货大楼的价格比批发市场几倍贵。
   _____。

4. 你帮我排队一下，我马上就来。
   _____。

5. 我家住在郊外，每天上班至少需要坐公共汽车一个半小时。
   _____。

6. 他有两副眼镜，除了平时戴的这副，还有看书时戴的一副眼镜。
   _____。

7. 你对自己的前途一定要充满信心。
   _____。

8. 我的汉语老师每星期一次来我宿舍辅导我。
   _____。

9. 我来中国以后看了有意思的电影很多。
   _____。

10. 每当烦恼的事情遇到，我打电话就给他。
    _____。

参考答案：

1. 我来中国一年多了，汉语说得还是不流利。
2. 他给我打了三次电话，正巧那时我在国外。
3. 同样的商品，百货大楼的价格比批发市场贵几倍。
4. 你帮我排一下队，我马上就来。
5. 我家住在郊外，每天上班至少需要坐一个半小时的公共汽车。
6. 他有两副眼镜，除了平时戴的这副，还有一副看书时戴的眼镜。
7. 你一定要对自己的前途充满信心。
8. 我的汉语老师每星期来我宿舍辅导我一次。
9. 我来中国以后看了很多有意思的电影。
10. 每当遇到烦恼的事情，我就打电话给他。

第1周

周末复习与总结

语法总结

句子的组成部分，包括主语、谓语、宾语、定语、状语、补语六种。

主语：是句子中的陈述对象，说明是谁或什么。
谓语：是对句子的主语作陈述的成分，说明主语是什么或怎么样。
宾语：是谓语动词的支配成分，表示动作行为的对象、结果、处所、工具等。

定语：在句子中修饰主语和宾语的成分。

1. 限制性定语：从数量、时间、处所、归属、范围等方面说明主语和宾语。

    （1）表示数量，如：我买*一个*面包。

    （2）表示时间，如：这是*昨天*的报纸。

    （3）表示处所，如：你把*地上*的纸捡起来。

    （4）表示归属，如：*老师*的书在桌子上。

    （5）限定范围，如：你借的书超过了*图书馆规定*的期限。

2. 描写性定语：从性质、状态、特点、用途、质料、职业等方面描写中心语。

    （1）描写性质、状态，如：我在这儿度过了*美好*的童年。

    （2）描写人或事物的性格、特征，如：他是一位*认真负责*的老师。

    （3）说明用途，如：我的房间只有一张*学习用*的桌子。

    （4）说明颜色质料，如：他买了一件*真丝*衬衫。

    （5）说明职业，如：我们的*汉语*老师姓郑。

3. 多项定语：在一个句子中，有时主语和宾语前面会有几个定语，这就是多项定语。

(1) 并列关系的多项定语：几个定语没有主次之分，并列地修饰一个中心语，这种定语是由同一词性的词语构成的。

① 并列关系的定语：多项定语一般都可以自由换位，没有固定顺序，如：

听力、口语、阅读、写作的学习都是同样重要的。

很多学校都有大大小小、各种各样的社团。

② 分别修饰中心语：多项定语一般按照习惯或规律固定顺序（比如从大到小、从男到女、从长到幼），如：

一年有春、夏、秋、冬四个季节。

我家有爸爸、妈妈、哥哥、姐姐、弟弟、妹妹和我七口人。

(2) 递加关系的多项定语：多项定语词性往往不同，它们互相没有修饰关系。

① 限制性多项定语：从时间、处所、领属、范围、数量等方面说明中心词。

排列顺序：时间＋处所＋领属＋主谓短语＋介词短语＋动词＋数量词

如：我昨天说的那位老师就是他。（主谓短语＋数量词）

昨天晚会上玛丽的表演很精彩。（时间＋处所＋领属名词）

② 描写性多项定语：从性质、状态、特点、用途、质料、职业等方面描写中心词。

排列顺序：主谓短语＋介词短语＋动词＋名词（颜色）＋用"的"的形容词＋不用"的"的形容词＋描写性的名词（质料、性质）

如：她的心里有一种说不出来的甜蜜的感觉。（动词短语＋用"的"的形容词）

他穿着一件从外国进口的非常时尚的名牌大衣。（介词短语＋动词＋用"的"的形容词＋描写性名词）

③ 限制性定语和描写性定语同时出现时的顺序：限制性定语＋中心词的数量词＋描述性定语

如：墙上贴着一张写满了字的小纸片。

姐姐去年从上海给我买的那件白色羊毛衫已经小得不能穿了。

状语：句子中修饰谓语的成分。

1. 限制性状语：限制性状语后面一般不用"地"。

   (1) 表示时间，如：我从今天起要努力减肥。

   (2) 表示目的、依据、关涉、协同，如：学生们根据学校的要求参加了HSK考试。

   (3) 表示处所、空间、路线、方向，如：有辆车向我们开过来了。

   (4) 表示对象，如：晚上我给你打电话。

   (5) 表示语气，如：他简直像专业歌手一样。

   (6) 起关联作用，如：他在学校，我也在学校。

   (7) 表示否定、程度、重复、数量、范围，如：我不会唱歌。

2. 描写性状语：绝大多数描写性状语只能放在主语后。

   (1) 描写动作进行的方式、情况。

   如：我们热烈欢迎客人的到来。

   (2) 描写动作者的心情、态度、姿态和表情。一般要用"地"，大多数只能在主语后。

   如：他的家人非常热情地招待了我。

3. 多项状语：一个句子中有两项或两项以上的状语。

(1) 并列关系：一般都可以自由换位，没有固定顺序。

如：我们要理智地、成熟地对待这件事情。

(2) 递进关系：存在层次上的先后关系，顺序一般要固定。

排列顺序：时间+语气、范围+处所+描写动作者的+空间、方向、路线+目的、依据、对象+描写动作的

如：我们今天上午都在运动场兴奋地为我们班足球队加油。

(3) 从词性的角度多项状语的顺序：一般副词+能愿动词+（描述性副词）+介宾短语+动词

如：我已经能自由地跟中国人交流了。

补语：是谓语动词的补充，说明动作行为的情况、结果、处所、数量、时间等，总是在谓语后边。

1. 结果补语：表示动作产生的结果。

(1) 结构：动词+结果（了）+宾语

如：我一下飞机就听到了这个好消息。

(2) 否定：

① 没+动词+结果

如：我没听懂你的话。（※否定式结果后一定不能用"了"）

②（如果）不+动词+结果

如：我不做完作业就不出去玩。

(3) 问句：动词+结果+了没有 或 动词+没+动词+结果

如：你听懂了没有？/你听没听懂？

2. 介宾补语：相当于结果补语，是动作发生后的变化结果。

 (1) 结构：动词/形容词+介词+宾语

  如：她走到我面前。/他每天忙到半夜。

 (2) 否定：和结果补语的否定形式相同。

  ① 没+动词+介词+宾语

  如：我昨天的作业还没交给老师呢。

  ②（如果）不+动词+介词+宾语

  如：你不还给我钱就不要离开。

 (3) 问句：和结果补语的问句形式是一样的。

  动词+介词+宾语+了没有 或 动词+没+动词+介词+宾语

  如：作业交给老师了没有？/作业交没交给老师？

3. 趋向补语：说明动作的趋向。

 (1) 结构：

  简单趋向补语：动词+来/去

  复合趋向补语：动词+上/下/进/出/回/过/起/到+来/去

  （※有宾语时一定要注意：一般宾语可前可后，处所宾语、离合动词的宾语、人称代词一定在"来/去"前。）

  如：他买来了一些水果。/他买了一些水果来。

  他走上楼来。

  观众们鼓起掌来。

  我突然想起他来。

 (2) 否定：和结果补语的否定形式相同。

  ① 没+动词+来/去

  如：今天他没带语法书来。

② （如果）不+动词+来/去

如：你不快点爬上来我们队就输了。

(3) 问句：和结果补语的问句形式是一样的。

动词+趋向补语+了没有 或 动词+没+动词+趋向补语

如：你想起来了没有？／你想没想起来？

4. 可能补语：表示动作可能或不可能达到的结果。

(1) 结构：动词/形容词+得/不+结果/趋向补语+（宾语）

（※可能补语不用"了(le)"、"着"、"过"）

如：我吃不了(liǎo)这些饭。

我回答得出来。

(2) 正反疑问句：动词/形容词+得+补语+动词/形容词+不+补语？

如：外边下这么大的雨，咱们去得了去不了？

今天的作业你做得完做不完？

5. 程度补语：表示动作达到的某种程度或情态。

(1) 结构：

① 动词+得+补语

如：他吃得很高兴。

有宾语时：（动词）+宾语+动词+得+补语。（有时宾语也可以放在主语前）

如：他（写）汉字写得很漂亮。

汉语他说得很地道。

② 动词+（形容词）+得+补语（常用的有：要死、要命、很、慌、不得了、不行）

如：大家讨论得兴高采烈。

马上就要考试了，我急得不得了。

(※不能用"得"的程度补语：极了、死了、坏了、透了)

如：我今天的心情糟糕透了。

(2) 否定：动词+得+不+补语

如：这篇文章翻译得不好。

(3) 正反疑问句：动词+得+A不A

如：他讲得清（楚）不清楚？

6. 数量补语

数量补语可分为：比较数量补语、动量补语、时量补语

(1) 比较数量补语：

A（比B）+动词/形容词（+了/过）+比较数量补语

如：姐姐比妹妹大五岁。

(2) 动量补语：

结构：

① 动词（+了/过）+动量补语

如：这本书我已经看过一遍了。

② 动词带宾语：

动词（+了/过）+代词+动量补语

如：我找过你两次，你都不在。（×我找过两次你）

动词（+了/过）+动量补语+名词

如：来中国后我去了两次长城。

动词+名词+动词（+了/过）+动量补语

如：我去长城去了两次。

(3) 时量补语：

结构：

① 动词（+了/过）+时量补语

如：我等了半天也没看见他。

② 动词带宾语：

动词（+了/过）+人/处所+时量补语

如：你再等我十分钟吧。（×你再等十分钟我吧）

动词+事物名词+动词（+了/过/到）+时量补语

如：昨天晚上，我写作业写了两个小时。/昨天晚上，我写了两个小时的作业。

动词（+了/过）+时量补语（+的）+事物名词

如：他上了3个小时的网。

第2周 >>>>>

应试技巧

  熟悉了新HSK（六级）的题型，我们今天开始就来进一步学习各种题型的做题方法，每一部分题型要采取不同的策略。比如听力有三个部分，我们在听录音时要关注的是什么，看选项时要想什么，还有阅读的四个部分解答时应该从哪方面来考虑。要取得好成绩，除了要具备一定的汉语知识外，更需要我们根据题型养成良好的做题习惯，掌握各部分试题的应试技巧。

星期一

听力、阅读第一、二部分

应试技巧：听力第一、二部分

我们在听录音的过程中一定要注意理解，不能听到什么就选什么。听力考试中常有这样的感觉，听录音的时候，你似乎听到了和选项一样的内容，其实这并不是正确答案。因为录音中的内容有可能是一种幽默的表达，也可能你没听到"如果"、"好像"、"似乎"、"简直（是）"、"……以为"等这些与事实不同的假设、比喻、夸张或某人自己的想法。这种题我们必须多练习才能适应。

另外，录音开头的第一句、结尾的最后一句常有总结性的话，一定要注意听，它具有提示作用。

我们来看一下样题，你可以一边听录音，一边试着体会。

【新HSK（六级）样卷示例】

听力第一部分：

第1—2题： 请选出与所听内容一致的一项。

1. A 丈夫很聪明
   B 妻子丢了东西
   C 夫妻俩最后离婚了
   D 丈夫喜欢收拾房间
   （样卷第9题）

录音文本：

一对夫妻吵架后好几天都不说话。这天，丈夫想和妻子说话，可妻子不理他。丈夫于是在家里到处乱翻。妻子最后忍不住了："你到底找什么呀！""谢天谢地，"丈夫高兴地说，"终于找到你的声音了。"

答案： A

讲解： 这道题是一个幽默故事，考我们的理解能力。从选项上我们可以得到这样的信息：丈夫→聪明、喜欢收拾，妻子→丢东西，夫妻→离婚，带着这三个信息点我们可以听到的是"丈夫……乱翻"，→D×，"丈夫高兴……找到你的声音"，→B×，C×，"丈夫想……，于是……"可知丈夫有了办法，→A√。很明显，这样的试题必须要听懂、理解以后才能回答，尤其要关注最后一句话。

2. A 读书有许多好处
   B 老师是最好的朋友
   C 父母是最好的朋友
   D 现代人不喜欢读书
   （样卷第 2 题）

> **录音文本：**
> "开卷有益"这个成语的意思是读书就会有所收获。毫无疑问，书是人类最好的朋友、最好的老师，是人类获得知识的重要途径之一。博览群书能使人拥有高深的学问，能言善辩，受人尊重。
>
> **答案：** A
>
> **讲解：** 这段话的中心就是第一句"读书就会有所收获"，后边的句子都是进一步说明观点的。"书是……朋友、……老师，是……途径"是比喻，这里的"是"意思是"好像"。理解了这一点可以很容易选择出答案 A，所以一定要关注开头第一句话。

听力第一部分：

这部分试题中有一些幽默小故事，表达的意思常常暗藏其中，在听的过程中要注意排除选项中和录音内容不符的部分，还要听清开头第一句话和结尾最后一句话。

学习要点：

利用录音开头第一句、结尾最后一句来总结概括。注意录音中的比喻、假设等句子，不能将它们和选项画等号。

听力第二部分：

采访类录音内容比较长，问题也较多，容易在听录音的过程中找不到要点，不知该关注什么。所以一定要注意记者的提问，因为记者的提问往往就是每一小段的中心点，而且录音后的问题也大部分可以通过记者所提的问题结合被采访者回答的第一句或最后一句总结出每一个小部分的意思，从而得出答案。

学习要点：

注意记者的提问，利用被采访者回答的第一句、最后一句来总结概括。

下面就来模拟一下，最好是把试题全部做完后，再看文本和答案，这样才能考查出自己的实力。

新HSK考题实战：听力第一、二部分

一、听力

第一部分：

第1—5题：请选出与所听内容一致的一项。

1. A 飞机在高空中出现了故障
   B 那位妇人非常勇敢
   C 那位妇人担心得只能睡觉
   D 飞机为了省油把一个螺旋桨停了

2. A 时间是考验我们犯错误的武器
   B 小孩子看不到世界
   C 人要经历很多的考验，才会明白世界的真理
   D 大人都犯过很多错误

3. A 作家不知道女人的真实年龄
   B 作家很喜欢女人的打扮
   C 女人看起来不像五十岁
   D 女人的打扮不适合自己的年龄

4. A 研究显示，相爱是化学反应
   B 服药会改变化学反应
   C 爱情是相互吸引以及时机的完美结合
   D 我们与谁相爱是命中注定的

5. A 孩子想让叔叔给他两元钱
   B 孩子丢了两元钱
   C 叔叔捡到了孩子丢的一元钱
   D 叔叔给了孩子一元钱

录音文本：

1. 高空中，飞机的一个螺旋桨停了。除了一位首次坐飞机的贵妇人在睡觉外，大家都在祈祷。终于飞机安全降落了，人们纷纷称赞夫人勇敢。夫人听了真相后，吓得面如土色，惊叫一声："天哪！它停转了？我还以为是为了省油呢！"

2. 时间就是考验我们是否成熟的武器。当一个人从小孩子变成大人，从不了解这个世界，到明白这个世界，都要有一个过程。在这个过程中需要经历很多考验。当然在这个过程中难免要犯不少的错误，只有这样才能明白这个世界的真理。

3. 有一个女人，五十岁了还打扮得像个少女。在一次宴会上，她碰上一位大作家，就问："我说大作家啊，您觉得我看起来像几岁呢？"大作家回答："这位女士，你的言谈天真活泼像十四岁的小女孩；举止轻盈妩媚，就像十六岁的小女孩，而这一身青春朝气的打扮，不超过二十岁。"这个女人一听，高兴得差点儿拥抱这位大作家，她立刻提高声音问："那您能不能准确地说出我究竟有几岁呢？""哦，这个嘛……把我所说的那三个数字加起来就是了。"

4. 一些人总认为我们与谁相爱是命中注定的事情。爱情是相互吸引以及时机的完美结合。但是研究显示，爱情并不是命中注定的，它仅仅是化学反应，而且会在服用药物的情况下发生改变。

5. 一个孩子因为丢了钱，站在路边哭泣。这时，有个人走过来问他："小朋友，你怎么啦？"孩子说："我丢了一元钱。"这个人说："嗨，别哭了，叔叔给你一元钱。"孩子破涕为笑，可接过钱后，又哭了起来。这个人说："你怎么还哭啊？"孩子看着钱答道："刚才不丢就好了，那样我就有两元钱了。"

答案：1.A 2.C 3.D 4.A 5.D

第二部分：

第6—10题 请选出正确答案。

6. A 观赏性的公园
   B 参与性的主题公园
   C 嘉年华
   D 游乐场

7. A 要建成第一个中国连锁品牌
   B 最新最时尚
   C 生活就是体验，体验就是生活
   D 让中国人享受最先进的娱乐方式

8. A 深圳
   B 北京
   C 成都
   D 上海

9. A 娱乐设备跟嘉年华完全相同
   B 整个欢乐谷演艺队伍有200多人
   C 有和摊位游戏相结合的游乐方式
   D 每天的客流量有2万人左右

10. A 很多游客对设备、景观、表演、活动比较感兴趣
    B 游客觉得每年去一两次，比较容易接受，比较新鲜
    C 领先于国内其他所有的公园
    D 不断创新，有新的项目

录音文本：

第6到10题是根据下面一段采访：

女：大家好，现在坐在我身边的是北京欢乐谷的副总经理郑维先生，您好。
男：您好。
女：请问您当初建欢乐谷的初衷是什么？
男：是这样的，欢乐谷是一个连锁品牌，从深圳发展到北京。以前我们建的几个公园都是观赏性的，但随着经济的发展、人们需求的变化，就需要做一种参与性更强的公园。我们想把国际上最新、最时尚的娱乐项目带到中国，让中国人享受最先进的娱乐方式。所以我们提出"生活就是体验，体验就是生活"的理念，基于这个理念来策划欢乐谷。深圳欢乐谷开业之后，我们觉得有必要建成一个全国连锁品牌，第一个中国人自己的主题公园连锁品牌，当时考虑到北京是中国的首都，所以就建了北京欢乐谷。
女：那你们的总公司是在深圳？
男：是的。我们在全国四个地方布局，深圳的已建成，北京的也已经开业了，现在已经在策划中的是上海和成都。
女：你们的欢乐谷相对于嘉年华有没有优势？
男：它们应该是两种不同的产品，作为我们公园来讲，是由四个部分构成的，一个是娱乐设备，这是一个方面，虽然跟嘉年华有点类似，但是跟嘉年华设备不同的是，我们的设备大型或者超大型的比较多。
女：因为搬不走。
男：对。第二个就是我们的景观，我们花了更多的钱去作各方面景观的设计，包括建筑、雕塑、园林等等。第三个是我们的表演，我们的演艺系统比较庞大，这也是我们的特色之一，整个欢乐谷的演艺队伍加上编导和各类演员共有200多人，每天给游客奉献20多场表演。同时，我们在北京还有一个一流的副град正在建设。第四部分就是主题活动，我们隔一段时间跟市场相适应会推出不同的活动，暑假我们刚刚搞了梦想狂欢节，十一过后我们还会推出不同的活动。而嘉年华更多的是游乐，采用了与摊位游戏相结合的方式。
女：从八月份到现在，经营状况怎么样？
男：经营状况非常好，感谢大家对北京欢乐谷的支持。
女：每天的客流量大概是多少？
男：暑假期间星期六、日大概2万人左右，9月份周末大概1万左右。
女：到你们欢乐谷是玩游乐设施的多，还是看表演的多？
男：北京欢乐谷刚刚推出的时候，是玩设备的比较多，但是随着大家对北京欢乐谷认识的加深，对我们景观、表演等感兴趣的人越来越多。大家刚开始认为它是一个游乐场，后来发现我们有四个方面，有设备、有主题景观、有表演、有主题活动。八月中下旬开始，很多游客对我们的景观感兴趣，对我们的表演感兴趣，对我们的活动感兴趣。
女：像这些游客每年去一两次，一开始可能比较容易接受，比较新鲜，如果再往后还是这些的话，他们就不愿意去了，这个有没有考虑？
男：今天是我们欢乐谷八周岁的生日。到现在为止，它的经营业绩都还一直领先于国内其他的公园，已经连续第四年排在全国第一，就说明了我们还是能够永远保持对游客的吸引力的。这种吸引力主要来自于创新，永远有新的项目，我们公园由四个部分组成，每个部分更新速度不一样，有的是表演活动的更新，有的是设备的更新，有的是文化的更新。我们有一个口号——欢乐谷是永远建不完的欢乐谷。

6. 北京欢乐谷是什么？
7. 欢乐谷的设计理念是什么？
8. 他们的总部在哪儿？
9. 关于北京欢乐谷，可以知道什么？
10. 欢乐谷为什么能保持对游客的吸引力？

答案：6. B 7. C 8. A 9. B 10. D

应试技巧：阅读第一、二部分

阅读第一部分：

做这部分试题时，一方面要重视语法、词语搭配这些知识点的学习，另一方面更要注意读题的方法。如果掌握了读题技巧，更容易快速找到答案。读题时一定要按照从整体到局部的顺序，也就是说，先看每一个句子的整体结构是否正确，挑出主谓宾、固定结构和搭配，看看有没有错误，然后再注意具体的修饰词。

阅读第二部分：

和第一部分一样，读题并理解题干句子的结构搭配也是这部分的重点。在做题时不仅仅要注意要填空的词语和句子中的那个词语是否搭配，还要注意整句话前后是不是也有可以与其搭配的词语或者有联系的部分。

学习要点：

学会读题：把长句化成短句，找出整体结构和搭配。今天的语法要点是形容词重叠、动词重叠、概数的表达方式以及否定句的写法。

> 熟悉了新HSK（六级）阅读的题型，那下面就来模拟一下，最好是四个部分的试题全部做完后，再看答案，别忘了记录一下自己的成绩。

新HSK考题实战：阅读第一、二部分

二、阅读

第一部分：

第11—15题：请选出有语病的一项。

11. A 它们的价格都很高，一般人买不起。
    B 我们讨论讨论完了再通知他也不迟。
    C 我们每个人都可以是环保志愿者，为环保做力所能及的事。
    D 咖啡是印尼人最喜欢喝的饮料，在华人社会也相当流行。

12. A 地震摧毁了现在，也启发了未来。
    B 人类社会将越来越多地使用可再生资源。
    C 发展中地区缺资金、缺技术，关键还是缺人才。
    D 考完试后，我们决定非常痛痛快快地玩几天。

13. A 人都是追求新鲜的动物，没有人喜欢守着一样几十年如一日的东西度过一生。
    B 保持身体适宜的温度有助于提高身体免疫力，所以中老年人以及体质较弱者应该尽量避免不要着凉，注意保暖。
    C 转眼之间，新世纪的第一个十年已经过去，最早的一批"80后"如今也已进入而立之年。
    D 俗话说"寸金难买寸光阴"，在大好的时光里，我们一分一秒也不能浪费。

14. A 我的父母都希望我搞艺术，可我根本就没有艺术天分，也对艺术没有感兴趣。
    B 做人首先要相信别人，相信别人的善良，恶人恶事毕竟是少数。
    C 古典文献和互联网有着天壤之别，一个是往2000年前走，一个是往2000年后走。
    D 善待他人就是善待自己，用赞扬代替批评会使你赢得更多由衷的赞赏。

15. A 生命并没有固定的模式，生和死、快乐和悲伤、幸福和不幸，以及连接它们的过程，都带有偶然性。
    B 人类自分裂时代、战争时代后逐渐开始反省，永久的和平和发展是整个人类的期盼，世界统一也是整个人类的期盼。
    C 最有价值的人，不一定是最能说的人，老天给我们两只耳朵一个嘴巴，本来就是让我们多听少说的。
    D《百家姓》是我国汉族姓氏总集，载有四百多个姓氏。不过中国人的姓氏又何止几百个？现今仍在使用的多达4000个。

11. 答案：B
    讲解：动词重叠错误。动词重叠后不能带补语。可以改为"我们讨论讨论再通知他也不迟"或"我们讨论完了再通知他也不迟"。

12. 答案：D
    讲解：形容词重叠错误。形容词重叠后表示程度高，相当于在形容词前加了"非常"、"特别"，所以不必再加程度副词。应改为"我们决定痛痛快快地玩几天"。

13. 答案：B
    讲解：否定词用法错误。"避免"表示否定"不要发生"，所以应改为"尽量避免着凉"。

14. 答案：A
    讲解：否定副词用法错误。否定副词"没（有）"一般不能否定表示心理活动的动词。应改为"也对艺术没有兴趣"或"也对艺术不感兴趣"。

15. 答案：D
    讲解：概数表达错误。表示概数可用"形容词+达+数量词"，如果用"达到"要去掉前面的形容词，常用搭配"达到……数量/目的/水平/程度"。所以应改为"现今仍在使用的多达4000个"。

第二部分：

第 16—20 题：选词填空。

16. 听简单的东西易于 _____ 起学习汉语的兴趣，这样学习就容易 _____ 下去，并且听力水平会不断提高，最终才有可能 _____ 对汉语大彻大悟的上乘 _____。

    A 养成   保养   到达   地步
    B 培训   保持   达到   程度
    C 培养   坚持   达到   境界
    D 培育   维持   达成   水平

16. 答案：C

    讲解：用唯一确定法，第一个空儿"__培养__起学习汉语的兴趣"，→ C √。

17. 今天的海地人 _____ 需要重建自己的生活和国家的未来，需要 _____ 一个有秩序和尊严的 _____，希望之门有待国际社会帮助他们共同 _____。

    A 急切   建造   将来   打开
    B 紧急   建立   将来   开门
    C 紧迫   创立   未来   开发
    D 迫切   创造   未来   开启

17. 答案：D

    讲解：用排除法，第一个空儿"今天的海地人 _____ 需要……"需要一个副词，C"紧迫"不能作状语 → C ×；第二个空儿"建造"后应该是具体名词，如"建造房屋" → A ×；最后一个空儿很明显"开门"是错的，→ D √。

18. 送孩子出国留学对每个家庭来说都是一个 _____ 的决定，因此在 _____ 这个决定前，家长首先要保持头脑 _____，《留学》节目 _____ 邀请留学专家为家长和学生指点迷津。

    A 慎重   给   冷静   特定
    B 严肃   拿   清楚   专门
    C 关键   下   明确   因此
    D 重大   做   清醒   特意

18. 答案：D

    讲解：用唯一确定法，第二个空儿"……__做__……决定"，→ D √。

19. 齐白石出生在一个 _____ 家庭，艰苦的生活环境，并没有 _____ 他读书作画的兴趣，他给自己定的 _____ 是每天作一幅画，不管什么时候，从不 _____ 。

A 穷苦　妨碍　纪律　停止
B 和睦　降低　原则　停顿
C 贫困　影响　规矩　间断
D 平凡　提高　标准　放松

20. 水仙花的 _____ 是怕热不怕冷，可以通过调节温度 _____ 花期，要 _____ 几天开花就把它放在温度低一些的地方，要想提前几天开花就把它放在温度高一些的地方。

A 习性　控制　推迟
B 习惯　确定　停滞
C 特点　操纵　拖延
D 优势　掌握　耽误

> **19.** 答案：C
> 讲解：用排除法，第一个空儿"_____ 家庭，艰苦的生活环境……"由后边的"艰苦"可以排除"和睦"，→B×；第二个空儿"并没有 _____ 他读书作画的兴趣"从意思上看，不可能选择"提高"，→D×；第三空儿"他给自己定的 _____"，因为"纪律"是指集体生活中每个人必须遵守的规定，→A×；这样就可以确定，→C√。
>
> **20.** 答案：A
> 讲解：用唯一确定法，最后一个空儿"要 _____ 几天……温度低……，要想提前几天……温度高……"，可以看出需要找到和"提前"相反的词，→A√。

 做完后把自己的成绩记录下来，比较一下自己是不是有进步噢。

	听力第一部分	听力第二部分	阅读第一部分	阅读第二部分
成　绩	%	%	%	%

改病句（形容词重叠、动词重叠以及数量、概数的表达、否定句的常见错误）

1. 你刚才试试的那件衣服是今年最流行的款式。

2. 等我们商量商量好了再告诉他吧。

3. 忙了整整一周，我最大的愿望就是周末能舒服舒服地睡上一觉。

4. 看这一座座整整齐齐的小洋楼，笔笔直直的柏油路，这哪里是农村，简直就是城市嘛。

5. 房间里安安静静极了，掉下一根针都能听见。

6. 岳麓书院存在于世已经一千多年差不多了，培养出的文化名人数也数不清。

7. 我曾经在我们国家学了三个月多的汉语。

8. 今天你早点出发吧，难免迟到。

9. 看到大家都举起了手，刘老根不得同意了他们的意见。

10. 睡眠三忌：一忌睡前恼怒，二忌睡前饱食，三忌卧处不可当风。

参考答案：

1. 你刚才试的那件衣服是今年最流行的款式。

2. 等我们商量商量好了再告诉他吧。

3. 忙了整整一周，我最大的愿望就是周末能舒舒服服地睡上一觉。

4. 看这一座座整整齐齐的小洋楼，笔直笔直的柏油路，这哪里是农村，简直就是城市嘛。

5. 房间里安静极了，掉下一根针都能听见。

6. 岳麓书院存于世已经差不多一千多年了，培养出的文化名人数也数不清。

7. 我曾经在我们国家学了三个多月的汉语。

8. 今天你早点出发吧，免得迟到。

9. 看到大家都举起了手，刘老根不得不同意了他们的意见。

10. 睡眠三忌：一忌睡前恼怒，二忌睡前饱食，三忌卧处当风。

听力第三部分，阅读第三、四部分

 应试技巧：听力第三部分

前面我们讲到了在听力和阅读中要利用开头第一句和结尾最后一句来总结概括，这样我们就能很容易地确定文章的中心。除此之外，我们还要注意什么呢？尤其是较长的文章，带有多个试题，如果我们没有目标，那么无论是听录音，还是阅读，跟题目有关的信息就很容易都错过去，没有记住重要的、具体的信息就会找不到答案，凭感觉选择当然是容易出错的。所以我们必须学会关注细节。

那么哪些是细节呢？我们一边做样题，一边试着体会一下。

听录音做下面的样题，先不要看答案和文本啊！

【新 HSK（六级）样卷示例】

听力第三部分：

第 1—3 题：请选出正确答案。

1. A 有趣
   B 感激
   C 难以忍受
   D 感到年轻了

2. A 越来越少
   B 越来越多
   C 每次都一样
   D 有时多有时少

3. A 逗孩子开心
   B 给孩子零花钱
   C 让孩子陪他玩儿
   D 让孩子不再吵闹

（样卷第 34 到 36 题）

录音文本：
第 1 到 3 题是根据下面一段话：

一群孩子在一位老人家门前玩儿，他们玩儿得很开心，叫喊声很大。一连几天，孩子们都来这儿玩儿，老人难以忍受。于是，他出来给了每个孩子五块钱，然后对他们说："你们让这儿变得很热闹，我觉得自己年轻了不少，这点儿钱表示谢意。"

孩子们很高兴，第二天又来了，一如既往地大喊大叫，玩儿得非常高兴。老人又出来了，给了每个孩子两块钱。他解释说，自己现在没有收入了，只能少给一些。两块钱也还可以吧，孩子们仍然兴高采烈地走了。

第三天，老人只给了每个孩子五毛钱。

"一天才五毛钱，知不知道我们多么辛苦！"孩子们生气地对老人说，"我们再也不会为你玩儿了！"

1. 孩子们在门外玩儿，老人是什么感觉？
2. 关于老人给孩子们的钱，下列哪项正确？
3. 老人这样做的目的最可能是什么？

答案：1. C　2. A　3. D

讲解：这是一段小故事，我们必须先看选项来预测一下在听录音时哪些部分是重要信息。第 1 题跟心情有关，第 2 题根据"多"、"少"可预测要关注数字，第 3 题可能是做某事的目的。我们看到这些信息后，听的时候就会注意到"……孩子都来这儿玩儿，老人难以忍受。于是……"，这时我们就要在第 1 题 C 选项后标注一下；再继续听可以听到几个数字："五块钱……两块钱……五毛钱"，由此可以判断第 2 题的答案是"越来越少"。录音听完后一定要注意听问题，第 3 题问的是"目的"，由第 1 题的心情"老人难以忍受"，可以理解出老人不喜欢孩子来玩儿，所以答案是 D。

听力第三部分：

    在这部分试题中，讲述小故事时文中常常还暗含着某种意思或道理，对于这种题型我们一方面要理解整个故事，能"听懂"；另一方面还要"听清"，注意故事的细节，比如时间、地点、人物，还有人物的心情、说话时的语气等。要一边听一边在选项旁标注一下，否则听完后回答问题时很容易忘记，而且这些细节联系起来也可以帮助理解小故事暗含的意思。

学习要点：

    边听边记：在听录音的时候要注意看选项，当听到和选项有关的话时要标注出来，尤其要注意记录地点、时间、人物、数字等。

> 下面就来模拟一下，最好是把试题全部做完后，再看文本和答案，这样才能考查出自己的实力。

新HSK考题实战：听力第三部分

一、听力

第三部分：

第1—7题：请选出正确答案。

1. A 花园太漂亮
   B 花园里有各种各样的鲜花
   C 不理解盲人为什么种花
   D 找不到花园的主人

2. A 喜欢
   B 可以抚摸
   C 可以闻到香味
   D 为了主人

3. A 热爱   B 善良
   C 热情   D 盲人

4. A 经理   B 小王
   C 小李   D 小许

5. A 物理专业毕业
   B 化学专业毕业
   C 高中毕业
   D 材料科学专业毕业

6. A 小王   B 经理
   C 小李   D 小史

7. A 小李的力气大
   B 门根本就没锁
   C 水杯原来是劣质品
   D 水杯是向左拧的

录音文本：

第1到3题是根据下面一段话：

一个花园里有一间小屋子，屋子里住着一个盲人，虽然他的眼睛看不见，却把花园照顾得非常好。花园里一年四季总是开满了各种鲜花，非常美丽。

一个过路人非常惊奇地看着这漂亮的花园，不解地问盲人："你这样做为的是什么？你根本就看不见这些美丽的花呀！"

盲人笑了，他说："我可以告诉你四个理由：第一，我喜欢，第二，我可以抚摸，第三，我可以闻到香味，至于第四个理由，则是因为你！"

"我？但是，你本来不认识我啊！"路人说。

"是的，我不认识你，但是我知道有像你一样的人，会在某个时间从这儿经过，这些人会因为看到我美丽的花园而心情愉快，而我也因此能有机会和你在这儿谈这件事。"

你能不能说出自己工作的理由？你的理由能不能美化一个原本空虚寂寞的园子？你是否明白盲人照顾花园的理由，其实理由就是热爱。

1. 路人因为什么而感到非常惊奇？
2. 关于盲人种花的目的，以下说法不正确的是：
3. 美化一个原本空虚寂寞的园子，需要什么？

第4到7题是根据下面一段话：

这天一上班，经理就说自己的水杯盖儿打不开了，几个力气大的大学生都跑来帮忙，但无论使多大劲儿，杯盖儿就是纹丝不动。

物理专业毕业的小王说："沏茶时水是热的，现在凉了，杯里的气压降低，大气压迫瓶盖儿，所以拧不动。应该用热水泡，使内外气压平衡才能打开。"

经理点头，命人取来开水泡杯子，但还是拧不动。小王沉默了。

化学专业毕业的小许说："我看您这茶杯很特别，可能是它在高温下与塑料瓶盖儿发生了化学反应，生成了一种类似碳酸钙的坚硬物质。最好使它完全变凉，使它变脆，估计可以打开。"

经理默许，众人又取了冷水来，但仍然拧不动。小许也沉默了。

材料科学专业毕业的小史一本正经地说："我想起来了，有些物质在高温下会改变性质，这种物质不适合造瓶盖儿。经理这水杯不会是劣质产品吧？"

经理笑了："怎么会呢？这是我上周从香港带回来的，一百多块钱呢！"

这时在公司做保洁的高中毕业生小李走过来，她好奇地打量着那个水杯。禁不住拿起来用力向右拧了一下。没拧动，她想了一下，又用力向左一拧，拧开了。

众人大为惊讶：原来是向左拧的。我们怎么没有想到呢？经理更是拍手叫好。并好奇地问她是怎么想到的。

小李说："当你用钥匙打不开门时，你可以用手推，或许门根本就没锁。"

4. 谁的水杯盖儿打不开了？
5. 小李是什么专业毕业的？
6. 最后是谁拧开了水杯盖儿？
7. 众人为什么惊讶？

答案： 1. C 2. D 3. A 4. A 5. C 6. C 7. D

应试技巧：阅读第三、四部分

阅读第三、四部分：

先看选项，再看文章。这是新HSK考试时做题的基本方法，但是"看选项"看的是什么呢？有的同学在看选项时就是在翻译选项的意思，结果花了很长时间也看不明白，这样做是不对的。看选项的目的就是总结出信息点，也就是找出四个选项集中强调的部分，只需画出信息点就可以，先不要着急去分析选项的意思是什么，用你找到的信息点到文章中去查找，找到后再把文章中的这句话和选项联系起来分析答案。

学习要点：

看选项，快速找到信息点，然后利用信息点在文章中查找。

 熟悉了新HSK（六级）阅读的题型，那下面就来模拟一下，别忘了记录一下自己的成绩。

新 HSK 考题实战：阅读第三、四部分

二、阅读

第三部分：

第 8—17 题：选句填空。

8—12.

在一个闹饥荒的城市，一个家庭富裕且心地善良的面包师把城里最穷的几十个孩子聚集到一块儿，(8)_____，对他们说："这个篮子里的面包你们一人一个。在上帝带来好日子以前，你们每天都可以来拿一个面包。"

瞬间，这些饥饿的孩子一窝蜂似的涌了上来，他们 (9)_____，谁都想拿到最大的面包。当他们每人都拿到了面包后，竟然没有一个人向这位好心的面包师说声谢谢，就走了。

有一个叫依娃的小女孩却例外，(10)_____，也没有与其他人争抢。她只是谦让地站在一步以外，等别的孩子都拿到以后，才把剩在篮子里最小的一个面包拿起来。她并没有急于离去，她向面包师表示了感谢，并亲吻了面包师的手之后才向家走去。

第二天，面包师又把盛面包的篮子放到了孩子们面前，其他孩子 (11)_____，羞怯、可怜的依娃只得到一个比头一天还小一半的面包。当她回家以后，妈妈切开面包，许多崭新、发亮的银币掉了出来。

妈妈惊奇地叫道："立即把钱送回去，一定是揉面的时候不小心揉进去的。赶快去，依娃，赶快去！"当依娃把妈妈的话告诉面包师的时候，面包师面露慈爱地说："不，我的孩子，这没有错。是我把银币放进小面包里的，我要奖励你。愿你永远保持现在这样一颗平和、感恩的心。回家去吧，告诉你妈妈这些钱是你的了。"(12)_____，告诉了妈妈这个令人兴奋的消息，这是她的感恩之心得到的回报。

A 依旧如昨日一样疯抢着
B 围着篮子推来挤去大声叫嚷着
C 拿出一个盛有面包的篮子
D 她既没有同大家一起吵闹
E 她激动地跑回了家

答案： 8. C 9. B 10. D
11. A 12. E

讲解： 先看选项找出五个选项中的关键词，可以看到 A、B、C 三项是动词为主的，D、E 的信息点是"她"。然后看文章，第 8 题，"……面包师……，_____，对他们说……"是需要动词，所以看 A、B、C 三项，→ C ✓。

第 9 题，"这些饥饿的孩子……他们 _____……"也是需要动词，所以看 A、B 项，→ B ✓。

第 10 题，"有一个叫依娃的小女孩却例外，_____，也没有……"应该用"她"，所以看 D、E 项，→ D ✓。

第 11 题，"第二天，面包师又……，其他孩子_____"应该需要动词，→ A ✓。

第 12 题，→ E ✓。

13—17.

在一次讨论会上，一位著名的演说家没讲一句开场白，手里却高举着一张20美元的钞票。

面对会议室里的200个人，他问："谁要这20美元？"(13)_____。他接着说："我打算把这20美元送给你们中的一位，但在这之前，请准许我做一件事。"他说着将钞票揉成一团，然后问："谁还要？"仍有人举起手来。

他又说："那么，假如我这样做又会怎么样呢？"(14)_____，又踩上一只脚，并且用脚碾它，然后拾起钞票，(15)_____。"现在谁还要？"还是有人举起手来。

"朋友们，你们已经上了一堂很有意义的课。无论我如何对待那张钞票，你们还是想要它，因为它并没有贬值，它依旧值20美元。同样，在人生的道路上，我们会无数次被自己的决定或碰到的逆境击倒、欺凌甚至碾得粉身碎骨。我们觉得自己似乎一文不值，但无论发生什么，或将要发生什么，在上帝的眼中，(16)_____。在他看来，无论肮脏或洁净，衣着齐整或不齐整，你们依然是无价之宝。生命的价值不依赖我们的所作所为，(17)_____，而是取决于我们本身！你们是独特的——永远不要忘记这一点！"

A 钞票已变得又脏又皱
B 也不仰仗我们结交的人物
C 他把钞票扔到地上
D 你们永远不会丧失价值
E 一只只手举了起来

答案：13. E 14. C 15. A 16. D 17. B

讲解：先看选项，发现五个选项是不同的信息点："钞票"、"也不……"、"他"、"你们"、"一只只手"。

第13题，"面对会议室里的200个人，他问……_____。"应该说的是200个人的反应，→E ✓。

第14题，"'……假如我这样做又会怎么样呢？'_____，又踩上一只脚，……"这里说到"又"，那么应该说的是第二个动作，所以前面的空儿应该是他的第一个动作，→C ✓。

第15题，"然后拾起钞票，_____。"应该接着说钞票怎样，→A ✓。

第16题，"我们觉得自己似乎一文不值，但……在上帝的眼中，_____。"前面说了"一文不值"，后面有"但是"，所以找到选项"不会丧失价值"，→D ✓。

第17题，可以找到"……不依赖……，也不仰仗……"，→B ✓。

第四部分

第 18—29 题：请选出正确答案。

18—21.

很久以前，一位挪威青年男子漂洋过海到了法国，他要报考著名的巴黎音乐学院。考试的时候，尽管他竭力将自己的水平发挥到最佳状态，但主考官还是没有录取他。

身无分文的青年男子来到学院外不远处一条繁华的街道，勒紧腰带在一棵树下拉响了手中的琴。他拉了一曲又一曲，吸引了无数人驻足聆听。饥饿的青年男子最终捧起自己的琴盒，围观的人们纷纷掏出钱来，放在了琴盒里。一个无赖鄙夷地将钱扔在青年男子的脚下。青年男子看了看无赖，弯下腰拾起地上的钱，递给无赖说："先生，您的钱丢在了地上。"无赖接过钱，重新扔在青年男子脚下，傲慢地说："这钱已经是你的了，你必须收下！"青年男子再次看了看无赖，深深地对他鞠了个躬，说："先生，谢谢您的资助！刚才您掉了钱，我弯腰为您捡起。现在我的钱掉在了地上，麻烦您也为我捡起！"无赖被青年出乎意料的举动震撼了，最终捡起地上的钱放入青年男子的琴盒，然后灰溜溜地走了。

围观的人群中有双眼睛一直默默关注着青年男子，他就是刚才的那位主考官。他将青年男子带回学院，最终录取了他。这位青年男子叫比尔撒·丁，后来成为挪威小有名气的音乐家，他的代表作是《挺起你的胸膛》。

当我们陷入生活最低谷的时候，有时会招致一些人无端的蔑视；当我们处在为生存苦苦

答案：18. B 19. D 20. C 21. D

讲解：先看题目、选项，然后到文章中查找相关的句子。

第 18 题，第 1 段开头"很久以前，一位挪威青年男子漂洋过海到了法国"，→ B ✓。

第 19 题，看题目后在第 2 段找到"一个无赖鄙夷地将钱扔在青年男子的脚下"，这里"鄙夷"是生词，可以用排除法确定选项，推测是"看不起"的意思，所以只能和"羞辱"有关，→ D ✓。

挣扎的关头,有时会遭遇肆意践踏你尊严的人。针锋相对的反抗是我们的本能,但往往会让那些缺少道德的人变本加厉。所以,我们不如理智应对,以一种宽容的心态去展示并维护我们的尊严。那时你会发现,任何邪恶在正义面前都将无法站稳脚跟。

  有时候,弯下的是腰,但拾起来的,却是你无价的尊严!

18. 文中的青年男子是哪国人?
  A 法国　　　　B 挪威
  C 英国　　　　D 美国

19. 无赖为什么把钱扔在地上?
  A 他很有钱
  B 他一直默默关注着青年男子
  C 被青年出乎意料的举动震撼了
  D 他看不起青年男子,想羞辱他

20. 青年男子为什么向无赖深深地鞠躬?
  A 他真心感谢无赖
  B 他害怕无赖报复,不敢反抗
  C 他想用宽容的心态维护尊严
  D 他想让无赖快点离开

21. 本文的结论是:
  A 比尔撒·丁是个了不起的音乐家
  B 人生总会遭遇很多挫折,要活得有尊严
  C 针锋相对会让缺少道德的人变本加厉
  D 招致蔑视时,要用理智和宽容维护尊严

第20题,也是在第2段中,但是并没有直接说明为什么,我们可以利用选项继续查找,在最后一段看到"以一种宽容的心态去展示并维护我们的尊严",→C✓。

第21题,问的是结论,应该跟最后一段有关,所以也是根据这句话来判断的,→D✓。

22—25.

　　人生有许多这样的奇迹，看似比登天还难的事，有时轻而易举就可以做到，其中的差别就在于是否具有非凡的信念。

　　多年前，一位穷苦的牧羊人领着两个年幼的儿子靠为别人放羊来维持生活。一天他们赶着羊来到一个山坡，这时，一群大雁鸣叫着从他们头顶飞过，并很快消失在远处。牧羊人的小儿子问他的父亲："爸爸，爸爸，大雁要往哪里飞？""他们要去一个温暖的地方，在那里安家，度过寒冷的冬天。"牧羊人说。他的大儿子眨着眼睛羡慕地说："要是我们也能像大雁那样飞起来就好了，我要飞得比大雁还要高，去天堂，看妈妈是不是在那里。"小儿子也对父亲说："做个会飞的大雁多好啊，那样就不用放羊了，可以飞到自己想去的地方。"

　　牧羊人沉默了一下，然后对两个儿子说："只要你们想，你们也能飞起来。"两个儿子试了试，并没有飞起来。他们用怀疑的眼神瞅着父亲。牧羊人说，让我飞给你们看，于是他飞了两下，也没飞起来。牧羊人肯定地说："我是因为年纪大了才飞不起来，你们还小，只要不断地努力，就一定能飞起来，去想去的地方。"儿子们牢牢地记住了父亲的话，并一直不断地努力，长大后果然飞起来了，他们发明了飞机，他们就是美国的莱特兄弟。

　　这使我坚信：一个人的心中如果蕴涵着一个信念，并坚持不懈地为之努力，那么，他一定会是一个成功的人。

22. 产生许多奇迹的原因在于：
　　A 轻而易举就可以做到
　　B 具有非凡的信念
　　C 比登天还难
　　D 人们希望奇迹发生
23. 大儿子为什么想要飞？
　　A 会飞就不用放羊了
　　B 可以飞到自己想去的地方
　　C 去一个温暖的地方，在那里安家
　　D 要飞去天堂看妈妈
24. 关于牧羊人，下列哪一项不能确定：
　　A 他有两个儿子
　　B 他的妻子去世了
　　C 他年轻的时候可以飞
　　D 他希望儿子以后能不断地努力
25. 文章想要告诉我们的是：
　　A 人生有许多奇迹
　　B 美国莱特兄弟发明了飞机
　　C 牧羊人教育两个儿子的方法
　　D 拥有非凡的信念就能成功

答案：22. B　23. D　24. C　25. D

讲解：先看题目、选项，然后到文章中查找相关的句子。

第22题，第1段"人生有许多这样的奇迹，……在于是否具有非凡的信念"，→ B ✓。

第23题，看题目"大儿子"后在第2段找到"他的大儿子眨着眼睛羡慕地说：'……，去天堂，看妈妈是不是在那里。'"→ D ✓。

第24题，由"两个年幼的儿子"可以确定A，由大儿子"想飞到天堂看妈妈"可以确定B，再由在第3段中"牧羊人肯定地说：'……只要不断地努力，就一定能飞起来，去想去的地方。'"可以确定D，所以不能确定的是C，→ C ✓。

第25题，问的是文章的中心，应该跟开头和最后一段有关，从开头到最后一段可以看到都是在说"信念"的重要，→ D ✓。

26—29.

千里之行，始于足下；不积跬步，无以至千里；不积小流，无以成江海。凡事要想做大，都得从小处做起，从眼前最基本的事情做起。如果一个人心里有远大的理想，却不愿意一小步一小步地去努力积累，那他永远也不会有美梦成真的那一天。

有这样一个故事，一个穷和尚和一个富和尚都住在一个非常偏远的地方，有一天，穷和尚对富和尚说："我想要到南海去，您看怎么样？"富和尚说："路途这么遥远，你怎么去呢？"穷和尚说："只要一个水瓶，一个饭碗就足够了。"富和尚说："我这么多年来就想租一条船沿着长江一直向南走，现在都还没做到呢。你没有钱也没有船，怎么可能到达南海呢？"第二年，穷和尚从南海归来，把到南海的经历讲给富和尚听，富和尚听后感到很惭愧。

人生目标确定容易，实现难，但如果不去行动，那么连实现的可能也不会有。没有行动的人只是在做白日梦，所以心动不如行动，勇于迈出行动的第一步，你成功的机会就会提高，而如果光想不做，那你将永远没有实现这个计划的可能。

26. 结合上文，"不积跬步"中"跬"的意思应该是：
 A 一 B 眼前
 C 小 D 基本

27. 谁最后到达了南海？
 A 穷和尚 B 富和尚
 C 都没有到达 D 都到达了

28. 关于穷和尚，我们可以知道：
 A 他很羡慕富和尚 B 他想向富和尚借钱
 C 他住在很偏远的地方 D 他坐船去了南海

29. 最适合做文章标题的是：
 A 穷和尚与富和尚 B 美梦成真
 C 目标确定容易实现难 D 心动不如行动

答案：26. C 27. A 28. C 29. D

讲解：先看题目、选项，然后到文章中查找相关的句子。

第26题，看文章第1段先说了几句俗语，然后接着说"凡事要想做大，都得从小处做起，……。……一小步一小步地去努力积累……"，可以推断出意思是指不积累小的，就不能有大的成功，→C √。

第27题，在第2段找到"第二年，穷和尚从南海归来"，→A √。

第28题，在第2段开头"一个穷和尚和一个富和尚都住在一个非常偏远的地方"，→C √。

第29题，问的是文章的标题，也就是主要内容，所以应该跟开头和最后一段有关，"人生目标确定容易，实现难，但……"这里有"但"，所以前边的部分是主要内容，→C ×；后边的一句话"所以心动不如行动"是总结性的句子，→D √。

做完后把自己的成绩记录下来，比较一下自己是不是有进步噢。

	听力第三部分	阅读第三部分	阅读第四部分
成绩	%	%	%

听力、阅读第一、二部分

 应试技巧：听力第一、二部分

我们在听录音的过程中一方面要根据选项推测问题，另一方面又不能完全依赖选项，也就是不能听到什么就选什么。要注意：细节部分，包括前面提到的时间、数字等，另外还要重视说话人的语气，在听力考试中千万不要因为分析A、B、C、D四个选项的意思浪费时间，错过了录音中的一些细节。所以你应该做到眼睛只是"看到"就够了，耳朵听的同时要动脑思考、理解。这种眼睛、耳朵、大脑的配合是不容易掌握的，所以很多同学说"看选项的时候，好像耳朵就听不见了"。听力主要就是练习边看边听边理解的能力。

我们来看一下样题，你可以一边听录音，一边试着体会。

【新 HSK（六级）样卷示例】

听力第一部分：

第1—2题：请选出与所听内容一致的一项。

1. A 敲门声音要大
   B 敲门也有讲究
   C 敲门应该敲4下
   D 老年人不喜欢别人敲门
   （样卷第11题）

> 录音文本：
> 　　敲门也是一种礼仪。最有绅士派头的做法是敲三下，隔一小会儿，再敲几下。敲门的声音要适中，太轻了别人听不见，太响了别人会反感。敲门时不要"嘭嘭"乱敲一气，若房间里面是老年人，会惊吓到他们。
>
> 答案：B
>
> 讲解：这道题我们并没有直接听到B，但是我们利用细节排除法，先听到"最有绅士派头的做法是敲三下"，关注数字就可以知道，→C×；再听到"敲门的声音要适中"，可以知道，→A×；最后一句"乱敲一气，若房间里面是老年人，会惊吓到他们"。这里说的是乱敲门会惊吓到老人，并没有说老年人喜欢不喜欢，所以不能随便推测，→D×，这样答案只能选→B√。因此这样的试题必须要利用细节排除法，另外要注意不能随便想象。

2. A 雪停了
   B 天阴了
   C 明天还会有雪
   D 交通受到很大影响

   （样卷第 14 题）

> **录音文本**：
> 　　沈阳持续一夜的皑皑大雪已于今天上午九时左右停止。目前沈阳天气晴朗，到处是一片银白的景象，孩子们欢快地在雪中嬉戏玩耍，人们在路边驻足欣赏雪景。
>
> **答案**：A
>
> **讲解**：这段录音内容很简单，答案就是第一句"大雪已于今天上午九时左右停止"，→ A √，但是因为 B、C、D 三个选项的影响，很可能使考生感到迷惑，不敢相信自己了，"答案会这么简单吗？"所以一定要注意以听到的为主，不要受选项的影响作过多的联想猜测。

听力第一部分：

　　这部分试题中有一些短小的新闻、信息，所以我们在听录音时要根据选项注意一些细节，前面提到的时间、地点、人物、数字以及量词等都要注意，这样我们就更容易排除选项中和录音内容不符的部分，当然也就更容易确定答案了。

学习要点：

　　注意细节，边听边排除，注意以耳朵听到的内容为主，不要加入自己的想象，也不要受选项中无关项的影响。

听力第二部分：

　　采访类录音在注意记者的提问总结中心内容的同时，也要注意细节，尤其是说话人的感情色彩、语气，以及说话人要强调什么，否定什么等等。这些都一定要听清，否则很容易误解。

学习要点：

　　要注意细节，被采访者回答问题时的语气，往往关系到他的观点，所以要正确理解，无关的选项不要过多地分析猜测，影响正常的思路。

下面就来模拟一下，试题全部做完后，再看文本和答案，才能考查出自己的实力。

新HSK考题实战：听力第一、二部分

一、听力

第一部分：

第 1—5 题：请选出与所听内容一致的一项。

1. A 朱清时是中国科技大学的职工
   B 朱清时做过两件让人津津乐道的事
   C 中国科技大学不响应国家号召
   D 朱清时 8 年坚持不扩招

2. A 全球每年有 30 万人死亡
   B 2015 年全球受气候灾害影响的人增加至 3.75 亿人
   C 1980 年海平面升高了 1 米
   D 气候变化会使全球被海水吞没

3. A 金鱼适合养在鱼缸里
   B 金鱼两个月的时间能长一尺
   C 父母要保护好孩子
   D 孩子的成长需要自由的空间

4. A 分数高的人智商高
   B 智商测验考两种能力
   C 最聪明的人要读中文和英语两个专业
   D 理论数学最要求语言能力

5. A 美国人每晚睡眠达到 7—9 个小时
   B 三分之一的美国人因为财务状况失眠
   C 该机构负责人认为只有懒虫或者是傻瓜才会睡大觉
   D 20% 的美国人每晚睡眠时间不足 6 小时

录音文本：

1. 朱清时在中国科技大学任校长的 10 年里最让人津津乐道的事至少有两桩：一是在大学评估时，事先不给评估人员准备椅子，二是在各大学纷纷"响应国家号召"、用扩招赚钱的时候，朱清时却顶住了内在和外在的双重压力，8 年坚持不扩招。

2. 全球每年有 30 万人死于气候变化引起的问题；全球受气候灾害影响的人群，到 2015 年将增加至 3.75 亿人；大量二氧化碳的排放将导致地球升温。1980 年以来，世界冰川的平均厚度减少了约 11.5 米，导致海平面升高。如果海平面上升 1 米，全球将有 1.45 亿人的家园被海水吞没。

3. 养在鱼缸中的热带金鱼，三寸来长，不管养多长时间，始终不见金鱼生长。然而，将这种金鱼放到水池中，两个月的时间，原来三寸的金鱼可以长到一尺。对孩子的教育也是一样，孩子的成长需要自由的空间。而父母的保护就像鱼缸一样，孩子在父母的鱼缸中永远难以长成大鱼。

4. 统计资料表明，分数与智商有很强的相关性。从统计意义上讲，考分高的人，智商高的可能性比较大。最聪明的人最好读什么专业？最好读对得起自己天赋的专业。智商测验考两种能力，一是抽象思维能力，二是语言能力。最要求抽象思维能力的是理论数学、理论物理等基础科学专业，最要求语言能力的是中文、英语等语言文学专业。最聪明的人最好读这两类专业。

5. 美国睡眠基金会建议成年人每天的睡眠时间要达到 7—9 个小时。不过根据该基金会的数据，20% 的美国人每晚睡眠时间不足 6 小时，近三分之一的人因担心财务状况失眠。该机构负责人德洛·布尼奇说："美国社会认为只有懒虫，或者是傻瓜才会睡大觉。"

答案：1. D 2. B 3. D 4. B 5. D

第二部分：

第6—10题：请选出正确答案。

6. A 由北京的留学人员注册的
   B 由中国的留学人员创立的
   C 以营利为目的的非政府组织
   D 非盈利的、政府性组织

7. A 绿色汽车项目
   B 清洁燃油项目
   C 针对气候变化、温室气体排放，给国家制定政策
   D 召开国际交流会议

8. A 发展跟环境的关系
   B 气候及环境变化
   C 控制温室气体排放
   D 成为世界上温室气体排放的第一大国

9. A 工业　　B 居住
   C 建筑　　D 交通

10. A 悍马是很酷的车
    B 成本高的东西节能环保
    C 节能环保是光荣的
    D 高级、豪华才是好

录音文本：
第6到10题是根据下面一段采访：

女：大家好，今天我们的嘉宾是能源与交通创新中心的创始人，著名的可持续交通、燃油经济、气候变化专家安锋博士，他将就与我们每个人息息相关的交通污染问题和大家分享经验与心得。您好，安锋博士。
男：您好，大家好。
女：我们想请您先简单介绍一下能源与交通创新中心的主要工作和成果。
男：能源与交通创新中心是一个在中国北京注册的，由中国的留学人员创立的非盈利的、非政府性组织。我们主要从事四方面的工作，第一个是绿色汽车项目，主要在中国推动节能、环保和先进动力的绿色汽车技术和政策。还有一个是清洁燃油项目，从能源供应的角度来推动低碳、低硫、清洁的低污染能源的政策和技术。第三个就是应对气候变化、温室气体排放，通过组织论坛、写专业报告给国家提供这方面的政策和建议。最后一个是搞国际会议，为国际交流提供平台。
女：您刚才谈到中心长期关注气候及环境变化，从您的经验来看，目前从全球和我国的情况分别来看，我们在气候环境方面面临怎样的挑战呢？
男：实际上最大的挑战主要是发展跟环境的关系。因为据很多研究报告预计，中国现在已经成为世界上温室气体排放的第一大国。
女：这个量非常大。您觉得在目前的一段时间内，我们可以做哪些工作呢？
男：节能减排。从行业角度来说，有几大行业能源消耗很大，工业、居住、交通这三大块儿。工业上要提高工业生产效率，比如说锅炉使用效率，家电产品也可以提高使用效率，还有绿色节能环保建筑、低碳建筑。交通这块儿鼓励节能车、公共交通方式，对私人出行作一些抑制，鼓励大家用公共交通设施，交通业必须要在节能减排上作出努力，这是一个很重要的步骤。在这些方面，我认为应该制造一种社会运动，使节能环保成为一种社会的潮流。
女：能讲得具体些吗？
男：可以利用媒体的力量，通过网站、绿色汽车评分标准达到目的。很多杂志，比如说中国的汽车杂志应多报道混合动力车，但他们可能更热衷于报道悍马啊这种大的车，你不能这么引导大众，悍马是很酷的车，其他的都不是酷的。大家要提高自己的节能环保意识，节能环保是光荣的，要让大家知道这个，我买的东西虽然成本高一些，但是它节能环保，这你是可以炫耀的。如果说中国的白领、中产阶级或者是受过教育的人，能把环保节能引导成潮流，这是值得骄傲的，而不是说高级、豪华才是好，这个要反映在大家生活中的每一个层面，真的要身体力行才可以，不能简单地喊口号。

6. 关于能源与交通创新中心，我们可以知道什么？
7. 以下哪项不是能源与交通创新中心所从事的工作？
8. 目前我国在气候环境方面面临怎样的挑战？
9. 男的认为，哪个行业的努力是节能减排的重要步骤？
10. 男的希望媒体如何引导大众？

答案：6. B　7. C　8. A　9. D　10. C

应试技巧：阅读第一、二部分

阅读第一部分：

在做这部分试题时一定要多练习读题技巧，也就是在读每一句话时不要过于强调每一个字，每一个生词，而是先读整体，画出固定搭配，尤其要注意固定结构、固定句型。

阅读第二部分：

词语辨析时除了要注意词类以外，还要注意同义词的辨析，比如一些词语意义基本相同，但是侧重点、搭配习惯以及词语的色彩不同，比如有的词是书面语，有的词更口语化；有的词是褒义，有的词是贬义。

学习要点：

画出句子中的固定搭配和常见句型。今天的语法点是介词，注意介词结构。

☺ 熟悉了新HSK（六级）阅读的题型，那下面就来模拟一下，最好是把试题全部做完后，再看答案，别忘了记录一下自己的成绩。

新 HSK 考题实战：阅读第一、二部分

二、阅读

第一部分：

第 11—15 题：请选出有语病的一项。

11. A 当你在独处时，手捧一本心爱的书，所获得的乐趣是无法用语言描绘的。
    B 减少碳排放是地球人的责任，也是生存之本，全世界都开始为此努力。
    C 国际金融危机虽已形势好转，但就业形势依然严峻，许多大学生都对于自己的前途满怀忧虑。
    D 唐朝有个湖北天门人，叫陆羽，写过一本书叫《茶经》，被日本人奉为茶的圣经。

12. A 我们对世界的客观认知大部分是通过眼睛实现的，包括阅读。
    B 记忆是个奇怪的东西，用心和不用心完全是两种结果。
    C 雪在灯光下总是显得夸张，纷纷扬扬，让干透了的北京有了几分湿润。
    D 父母要善于进行引导孩子，让孩子的性格在未来更具有竞争力。

13. A 书要杂，开卷一定有益，许多貌似无用的知识其实都是日常看书的积累。
    B 每次比赛大家总是在关注我能否得到金牌，而我个人却更在意我自己是不是满意我的成绩。
    C 今天的社会，无论一个人，一个组织，还是一个国家，都在朝着文化的方向努力。
    D 一年之中，大部分人抬头看天的时间，不足一个小时，甚至很久都没有抬过头了。

14. A 每一代人都在责备下一代人，但下一代人总是照常成长。
    B 在欧洲的一些公园，常见到一种架在草坪上的望远镜，名字叫"望鸟镜"。
    C 适当晒太阳可增加红血球和白血球数量，从而有益于增强人体免疫力。
    D 国内外关于人民币汇率有很多议论，市场上关于人民币汇率升值的预期也逐渐升温。

15. A 中国经济的持续高速发展，让国际社会对中国充满惊异和好奇。
    B 我们经过朋友介绍相识，至于后来的交往、相爱到结婚都是顺理成章的事儿了。
    C 他对中国文坛的影响，尤其是对中、青年一代作家的影响是大而深刻的。
    D 烟草大概是 16 世纪从美洲传入中国的，在此之前中国人根本不知烟草为何物。

---

11. **答案**：C
    讲解：介词错误。"对于"在主语后作状语时不能表示人的主观态度，应改为"大学生都对自己的前途满怀忧虑"。

12. **答案**：D
    讲解：介词缺省错误。"进行"后有动词宾语"引导"，所以不能再接宾语了，必须用介词结构"对……进行"，应改为"父母要善于对孩子进行引导"。

13. **答案**：B
    讲解：介词缺省错误。"满意"是形容词，不能加宾语，所以必须用介词结构"对……满意"，应改为"……我自己是不是对我的成绩满意"。

14. **答案**：D
    讲解：介词错误。"关于"可用作定语，不能在主语后作状语，所以后半句的用法没问题，但前半句应改为"国内外对（于）人民币汇率有很多议论"。

15. **答案**：B
    讲解：介词错误。"经过"作介词是强调过程，"通过"是强调方式，所以应改为"我们通过朋友介绍相识"。

第二部分：

第 16—20 题：选词填空。

16. _____ 无论哪一代人，看待事物都有自己的局限性、片面性和主观性。因此要_____ 思考，有自己对事物的判断，而不是人云亦云。而且无论人或事，也不是非好即坏的。即使在自然界中，狼是凶恶的，但它们也有它们的_____：强大而勇敢，独立而又团结协作，_____ 生存智慧，而羊却往往代表了软弱、无能的弱者。

A 事实　积极　优势　具有
B 实际　自由　劣势　具备
C 其实　主动　优点　富有
D 其实　自动　缺点　拥有

16. 答案：C

讲解：用排除法，第一个空儿"_____ 无论哪一代人……"可以用"事实上 / 实际上 / 其实"，→ A、B ×；第二个空儿"要_____ 思考"选项D"自动"一般是指不用人力的，如"门自动开了"，→ D ×；再用后边的词汇检查一下，答案是对的，→ C ✓。

17. 小男孩 _____ 就是个"小冒险王"，他们崇拜英雄，他们喜欢 _____，可以说这一切都是男孩的天性。同样，女孩也有天性。女孩更 _____ 人与人之间的关系。每接触一个新的 _____，女孩最关注的是为了 _____ 关系内的这种联系，我应该做些什么。

A 出生　斗争　关心　环境　维护
B 性格　争斗　关注　关系　保护
C 天性　战争　注意　方面　保持
D 天生　竞争　注重　领域　维持

17. 答案：D

讲解：用唯一确定法，第一个空儿"小男孩 _____ 就是个'小冒险王'"，这里"（就）是"作谓语，"出生"是动词，"性格"、"天性"是名词，只有"天生"是形容词，可以修饰动词，→ D ✓。

18. 也许真的是日久生情吧，他们成为了朋友，王辉渐渐觉得自己的心理 _____ 了变化，每当手机响起那 _____ 的铃声，他的心都要跳 _____ 不停，像其他男孩子一样，怀着对初恋的 _____，他开始了第一次轰轰烈烈的恋爱。

18. 答案：D

讲解：用唯一确定法，第三个空儿是固定结构，"他的心都要跳个不停"，→ D ✓。

A	有	短小	动	期待
B	生	短暂	上	希望
C	来	短期	起	指望
D	起	短促	个	向往

19. 外婆虽然是一个平凡的人，没有曲折的经历，但她的为人却深深地_____着我。外婆在乡里人缘极好，脸上永远_____着灿烂的笑容，左邻右舍只要家里发生了_____，就一定会请外婆去_____，她往往_____就能使双方偃旗息鼓，风平浪静。

A	感染	挂	纠纷	调解	三言两语
B	鼓舞	怀	风波	解释	指手画脚
C	激励	带	矛盾	解决	不卑不亢
D	感动	放	事故	安慰	七嘴八舌

19. 答案：A

讲解：用唯一确定法，最后一个空儿"她往往_____就能使双方……。"注意这里的感情色彩，四个选项中B、D都有贬义不能用，而C中"不卑不亢"放在这里意思不合适，只有"三言两语"可以用，意思是"外婆几句话就可使双方平静下来"，→A√。

20. 很多老年人对退休后如何打发时间_____，也没有为_____新的社会角色做好心理准备，一些人_____了深深的困境，个别人也无法从困境中_____出来，身心受到了极大的伤害。

A	一无所知	充当	掉入	避免
B	思前想后	担任	走入	接触
C	无可奈何	主演	落入	脱离
D	茫然无知	扮演	陷入	摆脱

20. 答案：D

讲解：用唯一确定法，第三个空儿、第四个空儿都是固定搭配"<u>陷入</u>……困境"、"……从困境中<u>摆脱</u>出来"，→D√。

 做完后把自己的成绩记录下来，比较一下自己是不是有进步噢。

	听力第一部分	听力第二部分	阅读第一部分	阅读第二部分
成绩	%	%	%	%

语法练习

改病句（介词的常见错误）

1. 我很满意自己这次考试的成绩，虽然分数不高，但比上次进步了很多。
   _____。

2. 经过八年的爱情长跑，他终于结婚女朋友了。
   _____。

3. 爱孩子，就是动物也会的。最重要的是，为孩子，父母应该如何以身作则。
   _____。

4. 永定河上的卢沟桥，被11个半圆形的石拱组成，建筑艺术堪称一绝。
   _____。

5. 学校自从明天起放假一周。
   _____。

6. 随着时间，我们的关系越来越疏远了。
   _____。

7. 我关于这件事不想发表任何意见。
   _____。

8. 我上周六参加了高级汉语水平考试，对于考试成绩，大概一个月以后才能知道。
   _____。

9. 我们应该根据老师的要求完成作业。
   _____。

10. 通过上级批准，本公司面向社会招聘市场部经理一名。
    _____。

参考答案：

1. 我对自己这次考试的成绩很满意，虽然分数不高，但比上次进步了很多。

2. 经过八年的爱情长跑，他终于跟女朋友结婚了。

3. 爱孩子，就是动物也会的。最重要的是，为了孩子，父母应该如何以身作则。

4. 永定河上的卢沟桥，由11个半圆形的石拱组成，建筑艺术堪称一绝。

5. 学校从明天起放假一周。

6. 随着时间的推移／变化，我们的关系越来越疏远了。

7. 我对（于）这件事不想发表任何意见。

8. 我上周六参加了高级汉语水平考试，至于考试成绩，大概一个月以后才能知道。

9. 我们应该按照老师的要求完成作业。

10. 经上级批准，本公司面向社会招聘市场部经理一名。

星期三

星期四

听力第三部分，阅读第三、四部分

 应试技巧：听力第三部分

我们可能都有过这样的经验，你刚听完天气预报，有人问，明天的温度是多少，你却回答不出来，因为你听的时候并没有注意。但是如果有人先对你说了注意听一下明天的温度，有没有雨，风大不大，那么你在听的时候肯定会注意这些内容，而且也容易记住。也就是说我们如果没有目的地去听，那么就不可能一下子记住信息，同样的道理，我们在听力、阅读的过程中必须有目标，这样才能听得更清楚，读得更明白。

听录音做下面的样题，一定要边听边在有关的选项后记录，然后看讲解，体会解题方法：

【新 HSK（六级）样卷示例】

听力第三部分：

第 1—4 题：请选出正确答案。

1. A 制订计划
   B 放松心情
   C 充分利用时间
   D 选择好的学习方法

2. A 1 个月
   B 1—3 个月
   C 3 个月
   D 半年到一年

录音文本：

第 1 到 4 题是根据下面一段话：

做什么事有了计划就容易取得好结果。学习也是这样，毫无计划的学习是散漫的，松松垮垮的，很容易被外界影响，所以想取得好的学习效果，制订计划是很有必要的。计划分长期计划和短期计划。在一个比较长的时间内，比方说一年或半年，可以制订一个长期计划。由于实际生活中有很多变化，无法预测，所以这个长期计划不需要很具体，只要对必须要做的事做到心中有数即可。而更近一点的，比如下一个星期的学习计划，就应该尽量具体些，把大量的任务分配到每一天中去完成，这样长期计划就可以逐步实现。可见，没有长期计划，生活就没有大方向，同样，没有短期安排，目标也很难达到。所以两者缺一不可。制订计划时还应该注意，计划不要定得太满、太死，要留出一点空余的时间，使计划有一定的灵活性。毕竟现实不会完美地跟着计划走，给计划留有一定的余地，这样完成计划的可能性就增加了。

1. 要取得好的学习效果，应该怎么样？
2. 长期计划一般指多长时间的计划？

3. A 要概括

　B 要简单

　C 要具体

　D 要有个性

4. A 追求完美

　B 重视短期计划

　C 准备多个计划

　D 计划要有灵活性

　（样卷第 43 到 46 题）

> 3. 制订一个星期的计划，应该注意什么？
> 4. 如何增加完成计划的可能性？
> **答案**：1. A　2. D　3. C　4. D
> **讲解**：这一段话内容有些长，四个问题的选项要一边听一边注意看，否则听完后就不容易确定答案。第 1 题我们从录音中第一句话就听到了"计划"，看选项只有 A 与之有关，另外三个选项"放松"、"时间"、"方法"和录音内容无关，可以确定，→ A √；第 2 题同样我们只听到了一个时间段"一年或半年"，另外三个时间段在录音中根本没提到，→ D √；第 3 题也是，录音只提到了"具体"，其他三项与录音内容无关，→ C √；第 4 题在录音的最后强调了"计划有一定的灵活性"，所以答案当然是 D。
> 　　由此可见，四个选项是不必一一分析的，只需在听录音的同时注意用眼睛浏览（liúlǎn）就能确定。

听力第三部分：

　　在这部分试题中，要一边听，一边注意用眼睛浏览选项中的信息，当听到和选项有关的内容时一定要记录，做到耳朵、眼睛、手的配合。千万不要闭上眼睛只顾听录音的意思，更不能埋头只顾记录，结果跟问题有关的信息都没记下来，等录音结束时才发现跟选项有关的内容都错过去了，当然就找不到答案了。所以我们平时练习中就要锻炼边听边看边记录的能力，尤其是眼睛要快、要准，能够一眼就发现听到的内容，再通过看到的信息来理解录音内容。

学习要点：

　　锻炼耳朵、眼睛、手的配合能力，在听录音的时候要注意看选项，利用选项理解录音内容。

 下面就来模拟一下，试题全部做完后，再看文本和答案，看看自己的实力吧。

新HSK考题实战：听力第三部分

一、听力

第三部分：

第1—8题：请选出正确答案。

1. A 苏洵
   B 苏轼
   C 西子
   D 李白

2. A 2个
   B 4个
   C 5个
   D 6个

3. A 不到400米
   B 49米
   C 300米
   D 200米

4. A 介绍西湖的历史
   B 介绍西湖的美丽风光
   C 对西湖的评价
   D 对西湖的喜爱

5. A 温馨亲切
   B 美好和谐
   C 充满魅力
   D 温柔

录音文本：

第1到4题是根据下面一段话：

西湖古时候被称为武林水、钱塘湖，又名西子湖，古代诗人苏轼就对它评价道："欲把西湖比西子，淡妆浓抹总相宜。"

西湖以秀丽的湖光山色和众多的名胜古迹闻名中外，是我国著名的旅游胜地，也被誉为人间天堂。风景区以西湖为中心，分为湖滨区、湖心区、北山区、南山区和钱塘区五个地区，总面积49平方公里。西湖的美在于晴天水碧绿清澈，雨天山云雾缭绕。无论雪雨晴阴，无论早晚，景色变化无穷；在春花、秋月、夏荷、冬雪中各有各的美丽。湖区以苏堤、白堤两个景段的优美风光著称。

西湖的美既在于湖，也在于山。群山峻岭环绕着美丽的西湖：西南有龙井山、理安山、南高峰、烟霞岭、大慈山、临石山、南屏山、凤凰山、吴山等，总称南山；北面有灵隐山、北高峰、仙姑山、栖霞岭、宝石山等，总称北山。它们像众星捧月一样，捧着西湖这颗江南明珠。山体的高度虽然不超过400米，但峰奇石秀，林泉幽美。

1. 文中谈到哪位古代诗人评价过西湖？
2. 西湖的风景区分为几个？
3. 西湖最高的山有多高？
4. 这段话的主要内容是什么？

第5到8题是根据下面一段话：

微笑是一种温馨、亲切的表情，能有效地缩短人与人之间的距离，给人留下美好和谐的心理感受，微笑有一种魅力，它可以使强硬者变得温柔，使困难变得容易。

微笑的魅力无处不在，可以美化我们的心灵，可以让我们获得成功，可以让快乐无处不在。教师带着书本微笑着走进教室，会让这堂课充满生机与活力，会让学生的积极性得到最大限度的发挥；医生满脸微笑着服务病人，能让病人心情舒畅，恢复快速。美国希尔顿酒店总公司董事长康纳·希尔顿在50多年的经营管理中，不断到他设在世界各国的希尔顿酒店视察，视察中他经常问下级的一句话是："你今天微笑了吗？"日本东京的京滨急行电铁公司每日扫描员工笑脸，严格要求员工上班时微笑留下。"请把你的

6. A 你今天微笑了吗
   B 请把你的微笑留下
   C 你的笑容最美
   D 你身体好吗

7. A 最大、最美的
   B 憨笑、傻笑
   C 笑里藏刀的
   D 发自内心的

8. A 待人真诚和善良
   B 以微笑对待生活
   C 以微笑面对困难
   D 把快乐带给别人

微笑留下"已成为该公司员工每天上班时必须做的一件事,而且需要留下的是员工能展露的最大、最美的笑容。

不管在工作还是生活中,时时保持微笑的面孔,会让你的世界更精彩。微笑可以传递快乐,给人以诚挚的微笑,快乐便被传给了他人。当然,这里所指的微笑,不是憨笑、傻笑,也不是皮笑肉不笑,更不是笑里藏刀的笑,而是发自内心的笑,是可以带给别人快乐和舒心的笑。

微笑,似蓓蕾初绽。这朵花,根植于美好的心灵,是真诚和善良的流露。如果每一个社会人都能以微笑对待生活,那么这个社会就会变成一个充满笑容的世界。

5. 微笑能给人带来什么样的心理感受?
6. 希尔顿经常问下级什么话?
7. 这段话中所指的"微笑"是什么?
8. 说话人有什么建议?

答案:1. B 2. C 3. A 4. B 5. B 6. A 7. D 8. B

应试技巧：阅读第三、四部分

阅读第三、四部分:

先看问题,再看文章。利用问题或选项中的关键词查找文章,在查找文章时要以"段"为单位,也就是说先通过看问题来确定答案可能在哪一段,然后阅读这一段找到跟答案相关的具体句子,结合选项分析出准确答案。这样一段一段地阅读一方面比一句一句地阅读速度更快,另一方面也更容易理解全文,避免只是靠猜来确定答案。学会利用段落看文章,也是提高阅读能力的有效措施,无论是考试,还是平时阅读中文文章,都应该以"段"为单位进行阅读理解,掌握全文的中心。

学习要点:

以"段"为单位在文章中快速查找问题中的信息点,利用信息点理解文章,选择答案。

 那下面就来模拟一下,注意利用技巧做题,一定要做完试题后,再看答案!

新 HSK 考题实战：阅读第三、四部分

二、阅读

第三部分：

第 9—18 题：选句填空。

9—13.

在里约热内卢的一个贫民窟里，有一个男孩儿，(9)_____，可是买不起，于是就踢塑料盒，踢汽水瓶，踢从垃圾箱里捡来的椰子壳。他在巷口里踢，在能找到的任何一片空地上踢。

有一天，当他在一个干涸的水塘里猛踢一个猪膀胱时，(10)_____，他发现这男孩儿踢得很是那么回事，(11)_____。小男孩儿得到足球后踢得更卖力了，不久，他就能准确地把球踢进远处随意摆放的一个水桶里。

圣诞节到了，男孩儿的妈妈说："我们没有钱买圣诞节礼物送给我们的恩人，就让我们为我们的恩人祈祷吧。"

小男孩儿跟妈妈祷告完毕，向妈妈要了一只铲子，跑了出去，他来到一处别墅前的花园里，开始挖坑。

就在他快挖好的时候，从别墅里走出一个人来，问小孩儿在干什么，小男孩儿抬起满是汗水的脸蛋，说："教练，圣诞节快乐，我没有礼物送给您，我愿意给您的圣诞树挖一个树坑。"

教练把小男孩儿从树坑里拉上来，说："我今天得到了世界上最好的礼物。明天你就到我的训练场去吧。"

三年后，(12)_____在第六届世界足球锦标赛上独进 21 个球，为巴西队第一次捧回金杯。(13)_____——贝利，随之传遍世界。

A 一个原来不为世人所知的名字
B 这个十七岁的男孩儿
C 被一位足球教练看见了
D 他非常喜欢足球
E 就主动提出送他一个足球

答案： 9. D 10. C 11. E
　　　 12. B 13. A

讲解： 先看选项，再看文章中空儿前后的句子，注意理解跟选项有关的一段。

第 9 题，"有一个男孩儿，(9)_____，可是买不起"，空儿前后的句子说的是男孩儿，而选项 D 是介绍男孩儿的情况的，→D √。

第 10 题，"(10)_____，他发现这男孩儿……"这里的"他"是谁呢？看选项可判断是"足球教练"，→C √。

第 11 题，"……，(11)_____。小男孩儿得到足球后……"由空儿后边"得到足球……"可找到"送他一个足球"，→E √。

第 12 题，"三年后，(12)_____在第六届世界足球锦标赛上独进 21 个球，……"可以看出这里需要的是主语，→B √。

最后一个空儿"……名字——贝利"，→A √。

14—18.

一个美国教授做过一个实验：把几只蜜蜂放进一个平放的瓶子中，瓶底向着有光的一方，瓶口敞开。蜜蜂们都是向着有光亮处不断飞动，(14)_____。最后，它们似乎都明白自己永远也飞不出这个瓶子，谁也不再尝试，个个奄奄一息落在瓶底。教授把这些蜜蜂倒出来，把瓶子按原样放好，再放入几只苍蝇。苍蝇和蜜蜂不一样，它们除了向有光亮处飞动外，(15)_____，或向上，或向下，或向逆光的地方，总之，它们不停地碰壁，但最终都飞出了狭小的瓶颈，它们用自己的不懈努力改变了像蜜蜂那样的命运。

这是我们毕业那年老师在最后一节课上给我们讲的故事。那时，大家正面临就业的压力，人心惶惶，很多人对于自己的前途和命运更是一片迷茫。那天，老师讲完这个故事后，认真地对我们说："三十岁以前，不要指望做出什么大成就。(16)_____，横冲直撞、四处出击总比保守悲观、坐以待毙要高明得多。"

今天，我坐在电脑前突然又想起老师当年给我们讲过的那个故事，(17)_____哪条路是通向成功的捷径。其实，人总要有一段时间就像被关在瓶子里的蜜蜂那样茫然失措，要紧的并不是急于找到摆脱困境的突破口，横冲直撞也许是最好的选择。

其实，就是这样，(18)_____，我们周围的那些成功者，都是在横冲直撞的尝试中寻找到机会的。虽然经常被撞得头破血流，失败更多，但都找到了适合自己的方向和空间。

A 可能我们永远都不知道
B 什么事情都可以尝试
C 成功并没有什么秘诀
D 还向其他方向飞行
E 却又不断撞在瓶壁上

答案： 14. E　15. D　16. B
17. A　18. C

讲解： 先看选项，再看文章中空儿前后的句子。

第14题的空儿前边的句子"蜜蜂们都是向着有光亮处不断飞动，(14)_____……"，根据"不断飞动"找到和D、E有联系，比较后发现E符合后边所说的"飞不出这个瓶子"，→E✓。

第15题，"它们除了向有光亮处飞动外，(15)_____……"，这里有句型"除了……外，还……"，→D✓。

第16题，"不要指望做出什么大成就。(16)_____，……"，应该接着说老师的建议，建议学生多尝试，→B✓。

第17题，"(17)_____哪条路是通向成功的捷径"可以找到搭配"不知道哪条路……"，→A✓。

最后一个空儿的答案只有一个，→C✓，带入文章重读一下可知应该是对的。

第四部分

第 19—30 题：请选出正确答案。

19—22.

近些年，美国亚利桑那州的沙漠中，悄悄崛起了一座年轻的城市，居民却全是老人。因此，被称为"故意放慢节奏的城市"。

这座以"太阳"命名的城市，40 年前还是一片沙漠。20 世纪 50 年代后期，有一位建筑商路过此地，觉得这里气候炎热干燥，土地非常便宜，就决定在这儿建一个专供退休老人居住和疗养的地方。居民年龄限在 55 岁以上，子女低于 55 岁的不能随同居住，要照顾老人，也只能住在该地以外的附近地区。奇怪的是，这些规定不但没有遭到老人们的反对，反而吸引了更多的居民。美国各地的老人蜂拥而至，如今，这里的居民已达 14 万。有关专家说，太阳城是美国发展速度最快的城市。

对老人们来说，这座城市的魅力不仅仅是阳光充足、气候好、适宜老年人居住。实际上，这里的住宅与老人娱乐活动场所交织，所有的设施全都以方便老人为第一宗旨，太阳城的住宅不是平房就是别墅，不用爬楼；整个城市生活节奏慢，车辆最高限速 30 英里，高尔夫球车是居民合法的主要交通工具之一；城区除了拥有几所大的专为老人服务的综合性医院外，心脏病中心、眼科中心等数百个医疗诊所遍布大街小巷，许多患有突发性危险疾病的老人，脖子上都佩戴着一个项链一样的报警装置，遇到危险，只要按一下"项坠"，救护车就会立即赶到；这里的疗养院和老人照顾中心鳞次栉比，

答案：19. B 20. A 21. C
22. D

讲解：先看题目、选项，然后到文章中查找相关的段落和句子。

第 19 题，第 1 段开头"美国亚利桑那州的沙漠中……"，→ B ✓。

第 20 题，看题目后发现答案在第 2 段中，"就决定在这儿建一个专供退休老人居住和疗养的地方"，→ A ✓。另外"居民年龄限在 55 岁以上"可知居民全部为 55 岁以上，→ B ✗，还有 C 中说"只适合老人"也是错的，D 中"唯一"是不对的。

需要照顾的老人可以根据自己的身体状况和经济承受能力选择各种档次的服务。

太阳城的医院、商店和各种娱乐服务设施虽然有些是由外面的中青年人来经营管理，但由于这些人下班后或节假日基本住在太阳城外，加上许多老人身体依然健壮，不甘寂寞，义务参与各项管理，积极投入各种活动者甚多，所以，这里也有"志愿者之城"的美称。

19. 太阳城原来是：
　　A 一片土地
　　B 一片沙漠
　　C 年轻的城市
　　D 发展速度最快的城市

20. 关于太阳城，可以知道：
　　A 是专供退休老人居住和疗养的地方
　　B 居民大部分在 55 岁以上
　　C 只适宜老年人居住
　　D 高尔夫球车是居民唯一合法交通工具

21. "志愿者之城"的志愿者是：
　　A 住在太阳城外面的中青年人
　　B 住在太阳城外面的子女们
　　C 身体依然健壮的老人
　　D 喜欢和老人一起娱乐的人

22. 太阳城所有设施的"第一宗旨"是：
　　A 适宜老人居住
　　B 专为老人服务
　　C 专供退休老人居住
　　D 方便老人

第21题，在最后一段中"……许多老人身体依然健壮，……，积极投入各种活动者甚多，所以，这里也有'志愿者之城'的美称"，可知是老人们志愿投入各种活动，→ C ✓。

第22题，在第3段很容易找到"……以方便老人为第一宗旨"，→ D ✓。

23—26.

唐太宗与魏征，一个有纳谏雅量，一个能忠直敢言，被世人公认为最完美的君臣关系。

魏征当大臣17年，先后上书200余次。在魏征的严密监控下，唐太宗的日子过得很不舒服，但是面对魏征的一再批评，唐太宗每次都虚心接受。唐太宗甚至还为这种君臣关系总结了一套套理论，说自己是金属的话，魏征就是那锻造的良匠；说魏征是镜子的话，他就是那照镜子的人。

贞观十七年，魏征病重，唐太宗多次去看望他，给他送药，将公主嫁给魏征的儿子。魏征死后，唐太宗为他致哀五天，以最高的礼节送葬，亲自撰写碑文，刻于石碑上。这种荣誉，对大臣来说是从来没有过的。一代君臣之间的知音佳话，如果到此结束，应该是画上一个相当完美的句号了。

谁能想到，就在魏征死的同年，太子李承乾谋反。魏征极力举荐的两个人，侯君集、杜正伦都被牵扯进来。唐太宗很生气，你魏征说他们有宰相之才，竟然串通起来害我。于是唐太宗解除了公主与魏征儿子的婚约，还推倒了亲手为魏征撰写的墓碑。

可是，在推倒魏征的墓碑后不久，唐太宗亲自带军队攻打了一个对唐王朝并没有威胁的国家，挑起战争的结果是不但没有成功，还损失很大。唐太宗回来之后，感到很懊悔，长叹道："如果有魏征在，他一定会阻止我的！"他突然想起了魏征的好，又派人到魏征墓前悼念了一番，并且将当初推倒的墓碑重新立了起来。

23. 唐太宗与魏征是什么关系？
   A 君臣关系   B 亲属关系
   C 镜子和照镜子的人 D 金属和良匠
24. 魏征死后，是谁为他撰写的墓碑？
   A 公主   B 太子李承乾
   C 侯君集和杜正伦 D 唐太宗
25. 唐太宗为什么砸了魏征的墓碑？
   A 魏征使他的日子过得很不舒服
   B 侯君集、杜正伦都被牵扯进来
   C 认为魏征举荐的人没有宰相之才
   D 魏征极力举荐的两个人谋反
26. 唐太宗为什么把当初推倒的墓碑重新立了起来？
   A 唐太宗感到很懊悔
   B 他经历失败后，想起了魏征的好
   C 砸了魏征的墓碑不久后就损失很大
   D 如果有魏征在，一定会阻止他

答案：23. A 24. D 25. D
26. B

讲解：先看题目、选项，然后到文章中查找相关的段落和句子。

第23题，第1段"……被世人公认为最完美的君臣关系"，→A✓。

第24题，看题目后发现答案在第3段中，"魏征死后，唐太宗……，亲自撰写碑文，刻于石碑上"，→D✓。

第25题，在第4段中"……谋反。魏征极力举荐的两个人……都被牵扯进来。唐太宗很生气，于是……还推倒了亲手为魏征撰写的墓碑"，→D✓。

第26题，在最后一段"……他突然想起了魏征的好，……将当初推倒的墓碑重新立了起来"，→B✓。

27—30.

　　铁观音，属于乌龙茶类，是中国十大名茶之一——乌龙茶类的代表。它介于绿茶和红茶之间，属于半发酵茶类，是我国绿茶、红茶、青茶（乌龙茶）、白茶、黄茶、黑茶六大茶类之一。铁观音除具有一般茶叶的保健功能外，还具有抗衰老、抗癌症、抗动脉硬化、防治糖尿病、减肥健美、防治龋齿、清热降火等功效。铁观音不仅香高味醇，是天然可口的佳饮，而且它的养生保健功能在茶叶中也属优秀。铁观音于民国八年自福建安溪引进，分"红心"和"青心"两种。

　　相传，清雍正三年前后，西坪尧阳松林头（今西坪乡松岩村）的老茶农魏荫，勤于种茶，又信奉观音，每日的早晨晚上一定要在观音佛前敬献清茶一杯，数十年没有停过。一天晚上，魏荫在熟睡中梦见自己走出门，到了一条小河边，在石缝中发现一株茶树，枝壮叶茂，芬芳诱人。魏荫觉得非常奇怪，正想采摘，突然听见远处传来一阵狗叫声，把一场好梦吵醒了。第二天早晨，魏荫按照记忆寻觅梦中的场景，果然在观音庙附近的大岩石缝中，发现了一株和梦里一模一样的茶树，仔细一看发现，这树叶形椭圆，叶肉肥厚，嫩芽紫红，青翠欲滴，和以前见过的茶树不同。他喜出望外，于是将茶树移植到家中的一口破铁鼎里，悉心培育，经过许多年的细心照料，这株茶树长得非常好，每片叶子都绿油油的。于是，他选择了一个好时机采下叶子，精心制作出茶叶。饮用之后，发现果然茶质特别好，香味独特悠长，他把这茶叶当作家里最珍贵的宝贝，藏在罐中。每逢贵客佳宾来做客，他就会拿出茶叶给人冲泡品评，凡饮过此茶的人都赞不绝口。一天，有位塾师饮了此茶，便惊奇地问："这是什么

答案：27. D　28. B　29. D
　　　　30. C

讲解：先看题目、选项，然后到文章中查找相关的段落和句子。

第27题，第1段"……分'红心'和'青心'两种"，→D√。第1句话"铁观音，属于乌龙茶类"，A意思表达反了；"属于半发酵茶类"，→B×；"是我国绿茶、红茶、青茶（乌龙茶）、白茶、黄茶、黑茶六大茶类之一"，可知铁观音不是一类茶，而是乌龙茶中的一种。

好茶？"魏荫便把梦中的情景和移植经过详细地告诉了塾师，并说此茶是在石缝中发现的，石头威武好像庙里的罗汉，移植后又种在铁鼎中，想称它为"铁罗汉"。塾师摇头道："有的罗汉面貌长得丑陋可怕，好茶怎么能用那么俗的名字呢。此茶是观音托梦给你而得到的，还是称'铁观音'才雅！"魏荫听后，连声叫好。铁观音的名字，由此得来。

27. 关于铁观音，可以知道：

  A 乌龙茶是铁观音的代表

  B 介于绿茶和红茶之间，属于发酵茶类

  C 是我国六大茶类之一

  D 分"红心"和"青心"两种

28. 铁观音是什么时候被发现的？

  A 民国八年　　B 清雍正三年前后

  C 一天晚上　　D 在梦里

29. 铁观音的名字是谁起的？

  A 雍正　　　　B 贵客

  C 魏荫　　　　D 塾师

30. 通过上文，我们可以知道魏荫：

  A 勤于种茶，又信奉罗汉

  B 将茶树种在大岩石缝中

  C 住在西坪尧阳松林头

  D 非常喜欢品茶

第28题，看题目后到文章中找跟时间相关的句子，发现答案在第2段中，"清雍正三年前后……"，→ B ✓。

第29题，在最后一句话中"塾师摇头道："……此茶是观音托梦给你而得到的，还是称'铁观音'才雅！"→ D ✓。

第30题，在第2段开头中"西坪尧阳松林头（今西坪乡松岩村）的老茶农魏荫"，→ C ✓。

做完后把自己的成绩记录下来，比较一下自己是不是有进步噢。

	听力第三部分	阅读第三部分	阅读第四部分
成　绩	%	%	%

语法练习

改病句（动态助词"了"、"着"、"过"以及"是……的"的常见错误）

1. 回到上海后，直到他去世，我再也没有去过拜访他。
   ＿＿＿＿＿＿＿＿＿＿＿。

2. 我是在去年分公司的剪彩仪式上认识他。
   ＿＿＿＿＿＿＿＿＿＿＿。

3. 我还没吃完了早饭，他就急匆匆地催我快走。
   ＿＿＿＿＿＿＿＿＿＿＿。

4. 他曾经是过老师，后来下海经商了。
   ＿＿＿＿＿＿＿＿＿＿＿。

5. 我曾经在五年前去过一次上海，南方的其他城市至今都没有曾经去过。
   ＿＿＿＿＿＿＿＿＿＿＿。

6. 他今天没来上课，陪家人到了长城游览去。
   ＿＿＿＿＿＿＿＿＿＿＿。

7. 我在办公室等着老师半个多小时。
   ＿＿＿＿＿＿＿＿＿＿＿。

8. 我们好像在哪儿见面过。
   ＿＿＿＿＿＿＿＿＿＿＿。

9. 中国实行改革开放以后，人民的生活水平提高过。
   ＿＿＿＿＿＿＿＿＿＿＿。

10. 我每天晚上都要复习了一个小时。

参考答案：

1. 回到上海后，直到他去世，我再也没有去拜访过他。

2. 我是在去年分公司的剪彩仪式上认识他的。

3. 我还没吃完早饭，他就急匆匆地催我快走。

4. 他曾经是老师，后来下海经商了。

5. 我曾经在五年前去过一次上海，南方的其他城市至今都不曾／未曾／没有去过。

6. 他今天没来上课，陪家人到长城游览去了。

7. 我在办公室等了老师半个多小时。

8. 我们好像在哪儿见过面。

9. 中国实行改革开放以后，人民的生活水平提高了。

10. 我每天晚上都要复习一个小时。

第2周

周末复习与总结

语法总结

一、形容词的重叠

形容词重叠后表示的是程度高，相当于在形容词前加上了"很"、"非常"等。所以形容词重叠后不需要再加程度词。

单音节形容词重叠只有一种形式，即"AA"式：小小、满满。

双音节形容词的重叠，一般应该是"AABB"式：高高大大、明明白白。

一些比较特殊的形容词的重叠形式也可以是"ABAB"或"ABB"式：火红火红、冰冷冰冷、软绵绵、金灿灿、热乎乎。

形容词重叠以后既可以作定语、状语、补语，也可以作谓语。

如：我的小狗长了一身雪白雪白的毛。

同学们高高兴兴地走进教室。

教室打扫得干干净净。

爸爸每天忙忙碌碌。

另外，普通的形容词如果进行"ABAB"式的重叠，在实际应用中就具有了动词的性质和语法作用。

如：我们下课以后一起去轻松轻松。

今天是你的生日，我们晚上去你家热闹热闹。

二、动词的重叠

汉语的动词一般包括单音节和双音节两种，因此，动词的重叠也就集中在单音节和双音节动词的重叠形式上。

(1) 单音节动词的重叠形式："VV"、"V一V"、"V了V"、"V了一V"，一般表示时间短、尝试和轻松愉快等。

如：说说、走走

　　学了学、写了写

　　聊一聊、听一听

　　看了一看、问了一问

(2) 双音节动词的重叠形式："ABAB"、"AABB"、"V来V去"。它们既可以表示时间段和轻松愉快，也可以表示反复，有时甚至有时间长的意思。

如：运动运动、打扫打扫

　　进进出出、吵吵闹闹

　　听来听去、走来走去

(3) 动宾离合式动词的重叠形式与动宾短语的重叠形式一样，一般是"AAB"，也可以是"A一AB"、"A了AB"。

如：听听歌、写写字

　　睡一睡觉、散一散步

　　唱了唱歌、聊了聊天

应该注意的是，动词重叠后不能加"了"、"过"；正在进行的动作一般不能用重叠形式；作定语的动词或带补语的动词不能用重叠形式。

如：今天我们只玩儿玩儿了游戏，没写作业。（×）

　　他们正在吃吃饭。（×）

　　他昨天问问的那道问题是特别难的数学题。（×）

　　这件事我还要和父母商量商量一下。（×）

三、否定副词：不、没

"不"、"没"都可以放在动词、形容词前，对动作、性状进行否定，但是它们的用法不同。

不：多用于主观意愿，否定现在、将来的动作行为，也可以用于过去。

没（有）：多用于客观叙述，否定动作、状态的发生或完成。指过去、现在，不能指将来。

如：上次、这次他都没参加，听说下次还不想参加。

　　　　（客观、过去）　　　　（主观、将来）

我不吃早饭了。/ 我没吃早饭呢。

（客观、现在）　　（客观、现在）

（1）否定经常性，习惯性动作、状况或非动作性动词（是、当、认识、知道、像等）、助动词，要用"不"。可以用"没"的助动词只有：能、要、肯、敢。

如：他从来不迟到。/ 他既不抽烟，又不喝酒。/ 我不知道这样做对不对。你不可以伤害别人的自尊心。/ 昨天我有急事，没能参加朋友的生日晚会。

（2）用在形容词前表示对性质的否定，要用"不"。

如：近来他的身体不好，让他休息吧。/ 这种材料不结实，换别的吧。

（3）形容词表示状态未出现某种变化时，要用"没（有）"。

如：天还没亮，再睡一会儿吧。/ 我没着急，只是有点儿担心。

副词与否定形式的搭配：

1. 时间、语气、情态副词等一般后边加否定。

如：他一直不愿意把这件事告诉别人。/ 我简直不相信这是真的。/ 等了半天，他仍然没出现。

2. 有的副词只能在前边否定。常见的有：马上、一起、一块儿、光、净、曾。

如：我们再等一会儿吧，别马上走。/ 我不曾见过这么美丽的风景。

3. 有的副词前、后都可以否定，但意义不同：都 全、太、很、一定、轻易。

如：他们都不喜欢这部电影。（全体）/ 他们不都喜欢这部电影。（部分）

他学习很不努力。（程度高）/ 他学习不很努力。（程度低）

他今天一定不会来。（有绝对的把握）/ 他今天不一定会来。（没有把握）

4. 有的副词否定和肯定意思相同：几乎、差点儿、好容易。

(1) 指不希望的事时，几乎、几乎没、差点儿、差点儿没都是否定。

如：这两天太忙了，你托我办的事我几乎（没）忘了。(＝差点儿)

(2) 指希望的事时，只能用"几乎没"，意思是肯定。"差点儿"没有这个限制。

如：路上堵车，我几乎没赶上班机。（＝差点儿，很幸运还是赶上了。）

那天我出发晚了一会儿，差点儿就赶上火车了。（×几乎，遗憾没赶上）

好容易、好不容易做副词时都表示一件事很难才有了结果：好（不）容易＋才＋动词＋结果。

如：他好不容易才从痛苦的回忆中解脱出来。（＝好容易）

5. 有的副词只能用否定：根本

如：我根本不相信他说的这些话。（×根本相信）

四、概数的表达：

汉语概数一般由相邻的两个数字来表达，如"三四个"、"六七天"、"八九次"、"十三四岁"、"五六十年"等。此外，汉语中的"多"、"几"、"来"在与数字组合之后也表示概数。

"多"、"几"、"来"的用法和区别：

"来"一般只表示大概的时间和数量，意思相当于"左右"。

注意："十个来月"与"十来个月"的区别。

"多"则强调超过某个数量。

注意："一百多块"与"一百块多"的区别。

"几"的用法比较特别，它一般只表示"1—9"的数量，因此，一般情况下，"几"与"来"、"多"一样，也可以放在"十"、"百"、"千"、"万"、"亿"等数词之后，但除了"十"以外，用在其他几个词语后时，"几"的后边还应该有别的整数词，如"一百几十块"不能说"一百几块"。

数＋量＋多＋名与数＋多＋量＋名

"数＋量＋多＋名"中的"名"一般是可以拆分的事物，例如："十个多月"；

"数＋多＋量＋名"中的"名"既可以是可拆分的事物，例如："一千多块钱"；

也可以是不可拆分的事物，例如："十多个商店"。

此外，这两个格式中的"数"是有区别的："数＋量＋多＋名"中的"数"一般不受任何限制，而"数＋多＋量＋名"中的"数"只能是"十"、"百"、"千"一类的数词，不能是"一、二、三……九"等数词。

如：九块多钱、一百多个小时、十多个人。

五、介词与常用结构：

1. 介词的语法特征：

(1) 表示时间、处所、方式、对象等的语法意义。如：

从明天（开始）（表示时间）　　在家（自修）（表示处所）

按原则（办事）（表示方式）　　把作业（做完）（表示对象）

(2) 介宾结构主要充当状语，修饰动词或形容词。如"从车上下来"，"比他高"。有的介宾结构可以作定语，但要加"的"，如"对历史人物的评价"，"在桌子上的书"。少数介宾结构可以充当补语，如"工作到深夜"，"睡在床上"。介宾结构不能做谓语。

(3) "在"、"向"、"于"、"到"、"给"、"自"等可以直接附着在动词或其他词语后边，构成一个整体，相当于一个动词。如"落在我身上"，"奔向二十一世纪"，"取决于你的考试成绩"，"勇于实践"，"走到了目的地"，"献给人民"，"来自纽约"。

2. 常见介词的用法：

"在"与方位词

"在"+处所/范围等。

如：大家先在这儿休息一下。（表示处所）/她在同学中很有人缘。（表示范围）

"在"常与方位词"上"、"下"、"中"、"里"、"内"、"前"、"后"、"外"、"中间"、"当中"、"之间"、"之前"、"之后"等一起表示时间、处所、范围、条件、方面等。

如：在他回国之前，我们还见过面。（时间）

他们俩在阅览室里整整看了一天的书。（处所）

在众多朋友之中，我们俩最要好。（范围）

"在"在动词前、后都可以，常见的动词是：出生、生长、住、发生。

如：他出生在韩国。/他在韩国出生。

万物都生长在阳光下。/万物都在阳光下生长。

这件事发生在去年冬天。/这件事在去年冬天发生。

"在"有时只能在动词后作补语,常见的动词有:放、掉、扔、打、泡、照射、沉浸、坐落。

如:你的钱掉在地上了。

他把书都扔在地上了。

爸爸一巴掌打在孩子屁股上。

太阳照射在身上暖洋洋的。

观众们都沉浸在优美的音乐声中。

我们学校就坐落在市中心。

固定格式:

(1)"在……上/方面":主要表示方面、范围。

如:他在椅子上坐着。(表空间场所范围)

这种事在历史上很常见。(表时间范围)

他在搜集邮票上,下了不少功夫。(表方面)

他在对外汉语教学方面是个专家。(表方面)

(2)"在……中":主要表示环境、范围,或动作进行的过程。

如:青年人要在艰苦中奋斗,在奋斗中创业,在创业中成长。(环境)

在我们班的同学中,他最努力。(范围)

在留学生活中,我遇到过很多困难。(过程)

(3)"在……下":主要表示场所、前提条件或情况。

如:我在楼下等你。(表场所)

在大家的帮助下,他很快就适应了这里的生活。(条件)

在困难的情况下,往往能发挥出一个人最大的潜力。(情况)

从、自、自从、由、于

从：

1. 表示起点。常跟"到"、"往"、"向"连用，指处所、来源、时间、范围、发展、变化。

   如：邮局从这儿往南走。/ 知识从实践中来。/ 从大学毕业以后，我们没见过面。/ 这本书我从头到尾都看完了。/ 从不会到会，我付出了很多努力。

2. 表示经过的路线、场所。

   如：从小路走比较近。/ 去学校一定要从这儿经过。/ 列车从隧道里穿过。

3. 表示来源。

   如：我从他的话中明白了很多人生的道理。

4. 表示凭借、根据。

   如：从脚步声就能听出是你。/ 从实际情况出发，解决问题。/ 从工作上考虑，你搬到那儿比较方便。/ 从气象云图看来，近期没有降水。

【辨析】 由、从

在表示"起点"、"路线"、"来源"时用法基本一样，"由"更书面语，所以常构成固定用法：由……组成 / 构成 / 双音节动词＋而成

如：F4乐队由四个帅气的大男孩组成。

幸福的家庭由爱、理解、信任构成。

汉字是由图画文字演变而成的。

"由"还有几个固定用法，不能用"从"。

（1）"由"强调某事归某人去做，常见的动词有：由……主持 / 负责 / 出版 / 翻译 / 编著 / 改编 / 设计 / 决定。

如：我自己的事由我自己作主。

(2)"由"表示原因：常用"由……引起/导致/所致/造成/而起"。

如：由环境污染导致的问题越来越多，越来越严重。

(3)"由此可见/由此可知"表示从前边的话得出的结论。

如："不到长城非好汉"，由此可见，人们对长城的向往与崇敬。

自：从。多用于书面语。

1. 表示处所的起点。跟处所、方位词一起用。

(1) 用在动词前。

如：本次列车自北京开往上海。

(2) 用在动词后。一般是"寄"、"来"、"选"、"出"、"抄"、"录"、"摘"、"译"、"引"等动词。

如：这封信寄自上海。/这句话引自《论语》。

(3) 自……而……

如：声音自远而近，越来越大。

2. 表示时间的起点。后加名词、动词或小句。

如：自古以来/自此以后/自明天起/自你走后，她好像没再笑过。

自从：指过去时间的起点。

如：自从他离开北京以后，我们再没有联系过。

于：

1. 用在动词前：

(1) 表示时间，相当于"在"。

如：他已于三日前离开北京。

(2) 表示范围，相当于"在"，和方位词连用，用在动词或主语前。

如：他总于无意中流露出对家乡的怀念。/于专业书之外，我也常读一些文学杂志。

（3）表示对象，相当于"对"、"向"，"于＋名/代＋动"。

如：现在的情况于我们有利。/环保于公于私都有好处。

2. 用在动词、形容词后：

（1）表示处所、来源，相当于"在"、"从"、"自"，后加处所。

如：他1996年毕业于北京大学。/熊猫产于中国西南地区。

（2）表示时间，相当于"在"。

如：中华人民共和国成立于一九四九年。

（3）表示方向、目标，后面用名词、动词或形容词。

如：气候趋向于暖和。/我最近正将精力集中于准备考试。/致力于科学研究。

（4）表示对象，相当于"对"、"向"，后加名词或代词。

如：不要满足于现状，继续努力。/比赛的形式有利于我们。/有求于人。

（5）表示方面、原因、目的，"形/动＋于＋动"。

如：为了便于计算，小数点后的数字省略。/忙于收集资料/苦于没有时间。

（6）表示被动。

如：这次比赛，主队败于客队。（主队被客队打败。）

（7）表示比较。

如：今年春季气温高于往年。/他的汉语不次于安娜。/1公里相当于2里。

对、对于、对……来说、关于、至于

【辨析】对、对于

1. 都有表示人、事物、行为之间的对待关系。

2. 用"对于"的句子都能换用"对";但用"对"的句子不一定都能用"对于"。

3. 表示事物的名词词组前,一般用"对于";表示人与人之间的关系,只能用"对"。

如:对于这起交通事故,一定要作详细的调查。

她对孩子要求很严格。(× 对于孩子)

4. "对"可用在能愿动词、副词的前边或后边,也可用在主语前边,"对于"不能用在能愿动词、副词的后边。

如:我们会对(× 对于)这件事作出安排的。

我们对(对于)这件事会作出安排的。

对(对于)这件事,我们会作出安排的。

"对(于)……来说"表示从某人、某事的角度看。

如:对外语学习者来说,语言环境真是太重要了。

对于我们来说,没有克服不了的困难。

【辨析】关于、对于

1. "关于"表示动作涉及的范围,"对于"指出对象。当两种意思都含有时,两词可以互换。

如:关于这个问题,你直接跟老王联系。

对于这个问题,我们一定要讨论清楚。

对于(关于)你们的建议,领导会认真考虑的。

2. 作状语时,"关于"只用在主语前;"对于"在主语前后都可以用。

如:关于今年的工作安排,我们下次讨论。(× 我们关于今年的工作安排下次讨论。)

对于中国的风俗，我还不很熟悉。（＝我对于中国的风俗还不很熟悉。）

【辨析】 至于、关于、对于

1."对于"、"关于"是同一个话题，"至于"是在原话题之外，引进另外一个话题。

如：这只是我个人的想法，至于行不行，还得看大家的意见。

我们班周末去春游，至于具体计划，同学们研究一下吧。

2."至于"的否定和反问形式"不至于／至于吗"，表示不会、不可能发展到某种地步。

前边常加"才"、"还"、"总"、"也"、"该"、"倒"，后边多用动词宾语。

如：今天努力，才不至于明天后悔。

我眼睛是不太好，但是这么大的字还不至于看不清。

你要走也不至于这样匆忙吧。

我跟你闹着玩儿的，你该不至于生气了吧。

要是早去医院看看，何至于病成这样？

为了、为、以

都可以表示目的。

为了：一般用在句首或主语后边作状语，也可用"是为了"作宾语，同"为"。

如：为了学好汉语，他想了不少办法。

我为了提高写作水平订了很多文学杂志。

他搬家不仅仅是为了工作，也是为（了）你。

以：用在两个动词短语中间，或下半句话的开头，后边紧跟动词，多用于书面语。

如：广泛开展科学实验活动，以促进现代技术的发展。

节约开支以降低生产成本。

【辨析】为了、为

1. "为"可以表示"给"、"替"的意思。后边加名词/代词/动词/小句，"为了"不能。

如：他每天为报社写一篇文章。

我在这儿一切都好，不用为我担心。

语言复读机为学习语言、纠正发音提供了良好的条件。

2. "为"可以表示原因，"为了"不能。

如：大家都为这个好消息高兴。

3. "为……而……"表示原因、目的。"为"后加名词/动词/小句，"而"后加动词/形容词。

"为了……而……"表示目的，"而"的前后是意义相反的词语。

如：为美好的前途而努力学习。（目的）

年轻的母亲为有了孩子而高兴，但又为无法照顾而苦恼。（原因）

为了日后享受成功的甜蜜而忍耐今日失败的苦涩。

以：

1. 作连词时，表示目的。

2. 作动词时，表示用、拿。

（1）以……+动。如：以一当十。

（2）以……为……、把……作为……/认为……是……。

如：北京以故宫为中心。

参加课外活动要以不妨碍学习为原则。

学汉语最好以多听多说为主。

(3) "为"后是形容词时，表示比较起来怎么样。

如：这种药以饭后吃为宜。

3. 作介词。

(1) 表示凭借：用、拿。

如：我以老朋友的身份劝你不要这样固执。

"以……而论"相当于"拿……来说"，可用在句首。但"拿……来说"一般用在句中。

如：以我个人而论，力量是微小的，得靠大家共同的努力。

以写文章而论，小王的能力比小张更强一些。

(2) 表示方式：按照，根据。

如：以每月500元计算 / 以高标准严格要求。

根据、按照、凭、靠

根据：

1. 作名词时，表示说话、办事、下结论的基础或原因。作主语，也常用在"有"、"没"后作宾语。

如：简化汉字的根据是什么你清楚吗？

他说出的话总是有根有据，你不能不信。（"有根据"常强调说"有根有据"）

2. 作动词时表示以……为根据，必须带宾语，不能带补语，不能带"了"、"着"、"过"，不能重叠。

如：你是根据什么作出这个结论的？

选谁当班长应该根据同学们的意见。

3. 作介词时表示以某种事物或动作为前提或基础，后边加名词、或可用作名词的动词。

如：根据大家的意见，我们又修改了原来的计划。

根据我们（的）了解，这件事与他无关。

按照：

1. 作动词时，后面双音节名词，相当于"遵从"。

如：办事情要有计划，要按（照）制度、规定。

2. 作介词时，用来提出一种标准，表示动作照着它来做，没有反抗、违背。可加名词、动词、小句子，也可加"着"（但单音节名词时不能加）。

如：会议按期举行。（单音节时不能用"按照"）

按（照）现在的速度，我们三点以前可以到达。

一切都按着计划顺利进行。／你按着我说的做吧。

按（照）他前天离开北京计算，现在已经到了桂林。

凭：

表示引进动作行为的凭借或依据，后边的名词短语较长时可以加"着"。

如：请大家排好队凭票入场。

医生凭经验很快就确诊我得了肺炎。

他凭着自己的实力进入了决赛，有望成为这届比赛的冠军。

不能凭一时的热情办事。

【辨析】凭、靠

"凭"、"靠"都表示凭借、依靠。但是"凭"更强调的是自身的条件，而"靠"的条件没有限定，自身的还是外力都可以。

如：靠父母的支持，朋友的帮助，我才有了今天的成就。（×凭）

经过、通过

【辨析】1. 作动词时，都可以表示从某处通过，经过。但"经过"表示的是"路过"，而"通过"强调的是"从中间穿过"。

如：轮船经过武汉到达上海。

火车通过十三个长长的隧道（suìdào）到达北京。

2. 作介词时，都可以用作介词，但是"经过"只说明经历的活动、事件；"通过"强调的是动作的方式、手段。

如：经过有关部门审核批准，我们工厂开始生产保健类食品。

通过学习，我加深了对中国历史文化的了解。

我希望通过您向贵国人民表达美好的祝愿。

3. "通过"可以作动词，表示（议案、答辩、考核）经过同意而成立、合格，"经过"没有这种用法。"经过"可以表示时间的延续，"通过"不能。

如：经过一年的时间，才查清了事情的真相。

大会一致通过了政府工作报告。

她这次考试没通过，还要参加补考。

4. "经过"可以用作名词，表示事情的原委，经历，"通过"不能作名词。

如：请你谈一下这起交通事故的经过。

六、了、着、过：

助词"了"

"了$_1$"——表示动作完成；用在动词后。

"了$_2$"——表示事态的变化、确定的语气；用在句子后。

1. "了$_1$"

（1）动 + "了$_1$"表示动作行为的完成，主要用于动词后。

动词后如果有结果或趋向补语，"了"放到它们的后面。

如：他买了一本书。

上午我发出去了一封信。（趋向补语）

我终于看到了长城。（结果补语）

（2）要注意的是："了$_1$"主要表示动作的完成或实现，不只用于过去时，在将来某一时间里完成的动作，也可以用"了$_1$"。

如：明天下了课，我去找你。

(3) 必须用"了₁"的情况：

a 在某一时刻动作完成、实现。（句子中有具体时间）

如：昨晚，我给妈妈打了电话。

b 表示动作先后顺序，或假设条件。"动₁+了+（宾语）+（就/再/才）+动₂"

如：看了她的信，我就伤心得流下泪来。

　　下了课咱们再去图书馆吧。　　　　}（顺序）

　　努力了才能成功。（假设）

c 在连动句、兼语句中，"了"用在后边的动词后。"动₁+宾语+动₂+了+宾语"。

如：昨天我请张老师给我辅导了一次语法。（兼语句）

　　他说到伤心处，禁不住叹了一口气。（连动句）

d 在某种条件、方式、原因下，得到某种结果。

如：在他的帮助下，困难很快解决了。

　　经过研究，我们同意了你的建议。

(4) 可以省掉"了"的情况：

a 连续动作时（尤其中间没有语气停顿时），为了表现动作的连续。

如：他披上衣服拉开门，轻松地走了出去。

　　老李赶忙迎上去，握住他的手说："谢谢你，谢谢你！"

b 动词后有结果、趋向等补语，而且强调补语。

如：看着这张照片，我好像又回到（了）二十年前的今天。

c 要强调状语时，动词后不用"了"。

如：上次他照顾我，这次我照顾他，我们俩互相照顾。

(5) 一定不用"了₁"的情况：

a 表示习惯性的、经常发生的、有规律的动作，不用"了₁"。句中常见的词是：常常、总是、每天/月/年/逢/次、偶尔、很少等。

如：他刚来中国时学习很努力，每天去图书馆看书。（×每天去了图书馆看书）

每逢春节，他都给中国老师打电话拜年。（×他都给中国老师打了电话拜年）

上星期他工作很忙，偶尔回家吃饭。（×偶尔回了家吃饭）

去年冬天，北京很少下雪。（×北京很少下了雪。）

b 表示心理活动的动词后不能用"了$_1$"。这类词常见的有：感觉、希望、决定、决心、打算、喜欢、爱等。

如：来中国前我就决心一定要学好汉语，成为真正的"中国通"。（×我就决心了一定要学好）

我打算周末去旅行。（×我打算了周末去旅行。）

上大学时，我喜欢H.O.T.。（×我喜欢了H.O.T.。但是可以说"我喜欢上了H.O.T.。"）

c 能愿动词后不能用"了$_1$"。

如：现在我能用汉语表达我的想法了。（×现在我能了）

我需要帮助时，他都在我身边。（×我需要了帮助时）

d 表示持续、进行的动作和状态，不能用"了$_1$"，而常用"着"。

如：昨天我一直在家等着你，哪都没去。（×我一直在家等了你）

今天上午，雨不停地下着。（×雨不停地下了）

e 宾语是小句子或动宾结构时，动词后不能用"了$_1$"。

如：我昨天听说他下个月就回国。（×我昨天听说了他下个月就回国。）

我去年开始学习汉语。（×我去年开始了学习汉语。）

(6) "了$_1$"的否定式：

动词前用"没"时，动词后的"了"必须去掉。

如：上个月，我去了一趟上海。

上个月，我没去上海。（× 上个月，我没去了上海。）

昨天我出去玩了，你出去了吗？没出去。（× 没出去了。）

2. "了$_2$"

(1) 表示情况、状态的变化，为了句子更完整或表达语气，一般用在句末。

如：他不再是我的朋友了。（所属变了）

下雨了，回屋里去吧。（情况变了）

苹果已经红了，可以吃了。（性质、状态变了）

他三年没回家了。（持续时间的情况）

小红今年十六岁了。（到达某一数量）

我去图书馆看书了。（陈述、说明语气）

他的性格已经不像从前了。（确定语气）

(2) "了$_2$"的否定式：

否定已出现的新情况，用"没"或"没……呢"。句末不再用"了"。

如：——你昨天参加他的生日晚会了吗？——没参加。

——你毕业了吧？——才上三年级，还没毕业呢。

否定将出现的新情况，或意愿、所属、性质等的变化，用"不……了"

如：身体有点儿不舒服，不想去看电影了。

水不热了，可以喝了。

3. "了$_1$"、"了$_2$"同时用

句子中，有时动词后用了"了"，句末又用了"了"，这种句子既表示完成，又表示变化。

(1) 说明动作到现在为止完成的情况。

如：我已经给朋友写了回信了。（常常用"已经"）

(2) 动词+了₁+数量词/时间（+名词）+了₂。

说明到现在为止，已持续的时间或已达到的数量，动作一般还在进行。

如：我在这儿住了三年了。

他买了十几套邮票了。

为了买到那本书，他已经去了三次书店了。

助词"过"

1. 动+"过"。

(1) 表示过去曾经有过某种经历。

如：昨天，我找过你两次。

我也曾经做过当明星的梦。（宾语在"过"的后边）

我没看完过一部电视连续剧。（结果补语在"过"的前边）

(2) 否定用"没"，疑问用"动+过+……没有"。

如：我没去过长城。

你去参观过故宫博物馆没有？

2. 形+"过"，一般有过去和现在比较的意思。

如：这屋子从来也没这么干净过。（以前不干净，现在干净。）

她的病好过一段时间，后来又加重了。

3. 否定式"没（有）……过"。如果用"曾"的话，书面语常用"未曾"、"不曾"。

如：我没在别人背后说过闲话。（介词短语放在"没"的后边）

这是历史上未曾有过的奇迹。

注意：离合词"过"一定要放在中间，如：见面、爬山、洗澡、结婚、离婚、道歉。

如：我们俩见过面。（× 我们俩见面过。）

助词"着"

1. 表示动作正在进行。（正）动＋着＋（名）

(1) "着"后边只能加宾语，不能加补语/了、过。

(2) 可加"正"、"在"、"正在"、"呢"。

如：孩子们一路上都唱着歌。/外边正下着雪呢。/昨天我去他家时，他正看着电视。

2. 表示状态的持续。（没）动/形＋着＋（名）

如果动作的状态是持续着的，可用"正在"、"正"。

如：图书馆的灯还亮着。/房间的窗户没开着。

他穿着一身新衣服。（比较：他正穿着衣服。）

教室的门开着呢。（比较：他正开着门。）

3. 用于存在句，表示以某种姿态存在。

(1) 名(处所)＋动＋着＋名(施事)

如：门口围着一群人。/外面下着雨。/椅子上坐着一对恋人。

(2) 名(处所)＋动＋着＋名(受事)

如：墙上挂着一幅画儿。/手上拿着一本书。

4. 动$_1$＋着＋动$_2$

(1) 动$_1$和动$_2$同时进行或动$_1$是动$_2$的方式。

如：坐着讲/红着脸说/硬着头皮回答/冒着大雪来到学校（方式）

大家叫着笑着跳进了游泳池。/同学们争着抢着回答问题。（同时）

(2) 动$_1$和动$_2$之间是一种目的。

如：急着上班/忙着准备考试/看着不忍离开/这个留着给妈。

5. 动$_1$＋着＋动$_1$＋着＋（就）＋动$_2$：动$_1$进行中出现动$_2$的情况。

如：想着想着笑了起来。/走着走着天黑了下来。/他看着看着书就睡着了。

6. 形+着+数量：表示夸张的语气，也可以省略。

如：那儿的气温比这儿高（着）两三度呢！

7. 形+着呢：表示肯定某种性质或状态，有夸张语气，"很"、"非常"。

如：这部电影好看着呢。/爷爷的身体结实着呢。/他的男朋友高着呢。

8. 动/形+着+点儿：用于命令、提醒，形容词有时也可省略。

如：过马路看着点儿。/要迟到了，快（着）点儿。/小心（着）点儿。/这事你记着点儿。

第3周 >>>>>

强化训练

  我们都知道，在长跑比赛中，必须在最后的时刻加快速度冲刺，才能最终夺得胜利。中国有句俗话：临阵磨枪，不快也光。这些都说明了考试前的强化训练至关重要。平时的学习是一种积累，考试前的"冲刺"是取得好成绩的关键。那么我们怎样才能在最后的冲刺阶段快速提高呢？请你继续保持最佳的学习状态，只要掌握了本周的应试技巧，成功就属于你了。

星期一

听力、阅读第一、二部分

 应试技巧：听力第一、二部分

在考场上，面对试卷时汉语实力固然重要，但是临场发挥不好也是不容易取得好成绩的。所以我们在平时学习的过程中，要加强应试技巧训练，只有掌握了每个部分的技巧，才能提高做题速度和准确率。首先最重要的技巧就是安排好时间，听力部分中听录音、看选项、思考答案这三个时间段要合理安排，否则就会出现"没听见"、"没看到"的现象，那当然也就选不出正确的答案了；阅读部分要分清"看问题"、"看选项"、"看文章"的主次，这样才能抓紧时间，否则阅读部分的时间就不够了。很多同学就是因为没有时间做完所有的试题而错过了许多容易的问题，这是很可惜的。今天我们就来学习做题时分配时间的技巧。

我们先来做一下样题，体会听录音要听的是什么，看选项要看的是什么。

【新HSK（六级）样卷示例】

听力第一部分：

第1—2题：请选出与所听内容一致的一项。

1. A 少喝矿泉水好
　 B 矿泉水有益健康
　 C 矿泉水不含矿物质
　 D 矿泉水对身体不好

（样卷第10题）

录音文本：

1. 矿泉水是指未经污染、从地下深处自然涌出或人工开采所得的天然地下水。矿泉水富含人体所需的各种矿物质和微量元素，这些矿物质很容易被人体吸收，对人体生理功能有积极作用。

2. 很多父母习惯只给婴儿吃少数几种食物，但专家表示，大多数婴儿六个月大时就可以安全进食多种食物，他们认为给孩子提供多样化食物有好处，可以帮助他们长大后适应不同种类的食品。

答案： 1. B　2. C

讲解： 这两道题是考我们的概括能力。而我们要在短时间内抓住录音的中心内容是不容易的，所以要充分利用选项给出的信息得出答案，同时快速找到选项之间的差别，画出不同的地方。我们在试卷上应该这样画：

1. A <u>少</u>喝矿泉水好
　 B 矿泉水<u>有益健康</u>
　 C 矿泉水<u>不含</u>矿物质
　 D 矿泉水<u>对身体不好</u>

2. A 婴儿应该少吃

　B 婴儿应多喝牛奶

　C 婴儿食物应该多样化

　D 许多婴儿爱吃一种食物

　（样卷第 7 题）

> 2. A 婴儿应该少吃
> 　B 婴儿应多喝牛奶
> 　C 婴儿食物应该多样化
> 　D 许多婴儿爱吃一种食物
>
> 　　这样我们很容易确定听录音时的关注点，第 1 题"矿泉水好不好"、第 2 题"婴儿吃多还是少"，带着这样的印象就很容易听到录音的中心内容——第 1 题"对人体……有积极作用"，那么马上联系到选项"积极→有益健康"，→B√；第 2 题"给孩子提供多样化食物有好处"，那么马上看到选项"应该多样化"，→C√。
> 　　以这样的技巧来做题，速度肯定很快，因为节省了听完以后一边看选项一边犹豫的时间。听完一段话就能马上选出答案，这样一道题一道题地往下做，你就不会觉得录音速度很快了，做起题来就不慌张、很从容，真是又快又准确！

听力第一部分：

　　从前面的学习中我们已经了解到了这部分试题的特点，一是每段录音的内容较短小，二是两道题之间的录音间隔比较短，大概是 8—10 秒钟的时间。这就意味着你要在较短的时间里看完 A、B、C、D 四个选项的内容并立刻选出答案，可以说我们在听录音的过程中是没有时间犹豫的。那么眼睛看选项的速度就要加快，一定要忽略在四个选项中相同的部分，快速找出不同的地方。

学习要点：

　　看选项和听录音应该同步进行，快速画出选项中有差别的部分。

听力第二部分：

　　同第一部分一样，先看选项，但是不同的是要关注四个选项中相同的部分。与第一部分相反，因为采访的录音较长，在听录音的过程中，很多是跟选项无关的内容，是不必关注的。重要的是听到和选项有关的内容，所以这些关注点就是选项中相同的部分。

学习要点：

　　在听录音的过程中要注意看选项，快速画出选项中一样的部分。

下面就来模拟一下，一定要利用上边学到的方法，习惯了解题方法以后，在考场上才能发挥得更好啊！

新HSK考题实战：听力第一、二部分

一、听力

第一部分：

第1—5题：请选出与所听内容一致的一项。

1. A 五毛喜欢洗澡
   B 五毛的毛巾是干的
   C 五毛洗澡不用毛巾
   D 五毛跟毛巾没有任何关系

2. A "黄金周"指的是三个节日
   B "黄金周"和节日无关
   C "黄金周"就是春节长假
   D "黄金周"是指节日时连续七天的休假

3. A 写字楼是由境外传入的
   B 写字楼的办公效率高
   C 写字楼一般用于商业办公
   D 写字楼风景亮丽

4. A "培根"是一种熏猪肉
   B "培根"是培根爵士发明的
   C 培根爵士和死囚犯有亲属关系
   D 培根爵士同意了死囚犯的请求

5. A 亿万富翁是美国人
   B 亿万富翁买了一个玩具水下飞机
   C 亿万富翁住在一个美丽的岛屿上
   D 亿万富翁拥有世界首架水下飞机

录音文本：

1. 一天到晚装乖的五毛声称自己洗过澡了，但是妈妈却看到五毛的毛巾是干的。五毛理直气壮地责问妈妈："你到底相信你亲生的儿子，还是相信一条跟你没有任何关系的毛巾？"

2. "黄金周"分别指中华人民共和国境内的春节、国庆两个节日中每个节日的连续七天的休假。国庆七天休假称为"十·一黄金周"，相对于其他公休假期，"黄金周"又被称为"长假"，通常冠以节日名称，分别为"国庆长假"和"春节长假"。

3. "写字楼"一词是由境外传入的。按照中国国内过去的习惯，通常称为"办公楼"，是随着经济的发展，为满足公司办公、高效率工作需要而产生的专业商业办公用楼。写字楼周围交通便利，基础设施完备，位于城市的CBD（Central Business District），行政配套齐全，建筑设计风格鲜明，气势宏大，成为大都市中一道亮丽的风景线。

4. 培根，是一种熏肉，用猪肉制成，说到猪肉还有一个笑话呢。说是有个死囚犯叫做猪，希望大哲学家培根爵士代他向法官求情，理由是"猪和培根有亲属关系"，结果培根爵士笑着说："猪不变成死猪，是不能做成培根的。"

5. 英国亿万富翁理查德拥有一家航空公司、一家唱片公司、一家手机制造公司、一个美丽岛屿和世界首架商用载人太空飞船。然而即便坐拥数量如此庞大的财产，这位富翁仍不满足。1月29日，他又向公众展示了他的最新"玩具"——世界首架水下飞机。

答案：1. B 2. D 3. C 4. A 5. D

第二部分：

第6—10题：请选出正确答案。

6. A 获得了环球小姐大赛"最佳亲善奖"
   B 获得了环球小姐大赛中国赛区"最佳亲善奖"
   C 获得了环球小姐大赛冠军
   D 获得了环球小姐称号

7. A 朋友帮她报的名
   B 朋友是浙江赛区环球小姐的报名负责人
   C 朋友负责浙江传媒学院的环球小姐报名工作
   D 朋友希望和她一起参加环球小姐大赛

8. A 2
   B 3
   C 4
   D 5

9. A 泳装展示
   B 晚装展示
   C 自我介绍
   D 智力问答

10. A 由评委决定
    B 由所有参赛的女孩儿决定的
    C 由评委和所有参赛的女孩儿一起决定的
    D 84个国家的参赛女孩儿都写的是"China"

录音文本：

第6到10题是根据下面一段采访：

男： 在刚刚过去的8月24日，19岁的山东姑娘王静瑶代表中国赛区参加了在巴哈马举行的环球小姐大赛，最终捧得了"最佳亲善奖"的美丽桂冠，今天我们就邀请王静瑶跟大家一起来分享她的美丽秘诀，欢迎你王静瑶。

女： 谢谢主持人，大家好，我是王静瑶。

男： 环球小姐大赛对很多人来说还比较陌生，首先想问一下静瑶，你是怎么知道这个比赛的，是怎样顺利晋级的呢？

女： 我知道这个比赛是一个很巧合的机会，因为我就读于浙江传媒学院，我的一个好朋友，她刚好负责浙江赛区环球小姐的报名工作。她觉得我个子挺高的，应该去试一试，要不然挺浪费的，我就试了试。很幸运，从初赛一直到今天。

男： 对你来说比赛中印象特别深刻的是要经过哪些环节？

女： 你是说全国？

男： 对，全国部分。

女： 初选、海选、复赛、半决赛、决赛，这个时间差不多从2月一直到4月中旬，6月15号到6月20号是全国的总决赛，是在北京。来自各个分赛区的选手一起汇集到北京，来角逐环球中国小姐。

男： 总决赛中要经历一个怎样的考验？

女： 总决赛需要先有泳装的展示。一开始我们录的一个片花，接着，需要选手们一个个出场作自我介绍，做一个整体的展示，然后再进行泳装比赛，最后再选出前十名进入到晚装的环节。之后选出前五名，进行智力问答，最终产生第一名。

男： 后来到了全球总决赛的时候，你获得的不仅仅是"环球亲善小姐"这一个称号。对你来说亲善小姐和环球小姐前十名你觉得哪个更重要？

女： 我觉得"环球亲善小姐"吧。因为这个奖是所有女孩儿一起评的，而且它是实实在在的奖。给大家详细讲一下当时是怎么评的。总决赛前两天，工作人员发给我们每个人一张小纸条，上面写着"在你心目中你认为亲善小姐是谁"。几乎每一个国家的佳丽都写的是"China"，其实这一点我早就知道，因为大家都是好朋友，都在一起互相交流。我觉得这个奖其实是贯穿于整个比赛的，并不是预赛、决赛那一晚产生的。在平常的交流中，我就会把她们当作是我的好朋友。虽然我在这里边可能年龄最小，但是我是用心去跟她们交流，用心去跟她们交朋友。所以，她们特别喜欢我。其实这个奖有点儿众望所归。而且这个奖的含金量真的非常高，因为它并不是由评委决定的，而是由一起参赛的来自84个国家的所有女孩儿决定的。我很感谢她们。

男： 对。我也非常感谢来自其他83个国家的女孩儿们。

6. 关于女的，我们知道什么？
7. 女的是怎么知道这个比赛的？
8. 女的经过了几轮选拨之后进入决赛的？
9. 在全国总决赛中，最后经过哪个环节产生第一名？
10. 关于"环球亲善小姐"的评选，我们可以知道什么？

答案：6. A 7. B 8. C 9. D 10. B

应试技巧：阅读第一、二部分

阅读第一部分：

　　对于这部分试题，控制做题时间是更加重要的，很多同学都是反复地读每一个句子，结果既浪费了时间，又使自己失去了信心，不敢选择。所以一定要避免每一句话每一个字地读，要充分利用学过的语法点和词语搭配知识，把可能有问题的部分画出来，然后再对比分析出答案。

阅读第二部分：

　　同第一部分一样，控制时间、读题干是关键。这部分试题中，读题时要注意有所分别，如果题干的句子比较短而且容易理解，那么就先读完题干，理解了句子的大概内容后再选择；如果题干的句子比较长而且生词较多、很难理解，那么就不要先读题干了，应该先看选项找到对应的搭配，利用其中常用的、比较容易确定的选项来排除，得到答案。

学习要点：

　　注意读题时间不能太长，画出有关联的搭配和语法点。今天学习的语法点是"把"字句和被动句。

> 我们先做下面的试题，注意边做边画出语法点和搭配，控制好时间。一定要全部完成之后再看答案和讲解。

新HSK考题实战：阅读第一、二部分

二、阅读

第一部分：

第 11—15 题：请选出有语病的一项。

11. A 老师的鼓励使他信心大增。
    B 现在不论国内国外，休闲体育越来越多的人认可。
    C 在各色各样的发光动物中，人们最熟悉的莫过于萤火虫了。
    D 正如温家宝总理所说，中国的事情只要做加法，就会是一个无限大的量。

12. A 在家人的照顾下，他很快恢复了健康。
    B 蜻蜓被誉为昆虫里的"飞行之王"，它好似一架飞机，而飞行技巧却远远高于飞机。
    C 宋代的书法家王羲之的作品被收藏家为珍品，每一件真迹都价值连城，尤其是他的《兰亭集序》最被人看重。
    D 他除了将自己与儿子的童年经历融进故事外，也将自己观察生活所得的素材融进创作。

13. A 骆驼是最耐旱的，它喝一次水后，可以几天几夜不喝水，照常行走，被称为"沙漠之舟"。
    B 生活在如今这个时代的人比前几代人幸福得多了，可以尽情享受现代文明带来的安逸和舒适。
    C 餐饮食品业制造美味的秘诀很简单，就是三样东西：盐、糖、脂肪。
    D 公益广告不同于商业广告，它不是为某个企业的产品树形象、打知名度，而是为公众切身利益服务的广告。

14. A 人类社会将越来越多地使用可再生资源。
    B 善待他人就是善待自己，要用赞扬代替批评并主动适应对方。
    C 人生就像一个球，无论怎样滚，总有在一个点上停止的时候。
    D 在填报志愿和选择职业上，有些青年人被社会、家庭、同伴的影响，不能做出正确的选择。

15. A 一般来说，人们害怕蜘蛛胜过害怕死亡。
    B 聪明人的头发中含有更多的锌和铜。
    C 中国人，特别是中国的农民，是以忍耐能力著称于世的。
    D 医生应详细地把父母的心理健康状况了解，分析他们的情绪反应可能对患儿产生的影响。

---

11. **答案：** B
    讲解： 被动句错误。这句话的意思是"越来越多的人认可休闲体育"，主语提前应该用被动形式，应改为"休闲体育受到越来越多的人的认可"或"休闲体育被越来越多的人所认可"。

12. **答案：** C
    讲解： 被动句错误。"被+宾语$_1$+动词+为+宾语$_2$"其中的动词不能缺省。应改为"被收藏家视为珍品"。

13. **答案：** B
    讲解： 比较句错误。"……比……形容词……"其中形容词后可以加"多了"或"得多"，不能同时用。应改为"比前几代人幸福得多"或"比前几代人幸福多了"。

14. **答案：** D
    讲解： 被动句错误。"被+（宾语）+动词"这个句式中"动词"前边不能有"的"，而"受+（宾语）+动词"这个句式中"动词"前边可以有"的"。应改为"青年人受社会、家庭、同伴的影响"。

15. **答案：** D
    讲解： 乱用"把"字句。"了解"不能用在"把"字句中，"了解"后面可以直接带宾语。应改为"医生应详细地了解父母的心理健康状况"。

第二部分：

第 16—20 题：选词填空。

16. 这次汇报演出 _____ 地成功，获得了巨大的 _____，信件像雪片一样飞来，_____ 人应接不暇。

 A 取得 反映 叫
 B 目前 反应 让
 C 空前 反响 令
 D 空间 反馈 使

17. 信任在人类 _____ 的历史上弥足珍贵。因为人是群居动物，相互信任才能立足 _____；但人头脑又特别发达，_____ 后天影响过多，改变初衷几乎是每个人的一般行为，所以相互 _____ 信任很难。

 A 相交 成长 把 赢得
 B 交流 生育 使 争取
 C 交际 生活 有 获得
 D 交往 生存 受 取得

18. 中国几千年"养儿防老"的传统 _____ 正随着社会的发展慢慢地发生变化，"花钱到养老院养老"正在中国的城市老年人中 _____。据民政部有关负责人 _____，现在全国大约有 2,000 所各种 _____ 的养老院，养老院专业而周到的护理保健条件是 _____ 老年人的重要因素。

 A 思想 出现 讲解 规模 接收
 B 观念 兴起 介绍 类型 吸引
 C 传统 流行 宣布 轮廓 照顾
 D 概念 兴旺 解说 形态 欢迎

---

16. 答案：C

 讲解：用唯一确定法，第一个空儿"这次汇报演出 _____ 的成功"，这里一定要注意空儿后边有"的"，所以需要的是形容词，→ C ✓。

 这道题的题干不长，也较容易理解，但是三个选项中的词语之间不容易区别，所以需要利用语法来确定答案。

17. 答案：D

 讲解：用唯一确定法，第三个空儿"_____ 后天影响过多"，只有"受"合适，→ D ✓。

 这道题的题干不长，也较容易理解，但是四个选项中的词语之间不容易区别，所以需要利用语法搭配来确定答案，由"受……影响"可得出答案就是D。

18. 答案：B

 讲解：用唯一确定法，第三个空儿"据民政部有关负责人 _____"，只有"介绍"合适，→ B ✓。

 这种题型题干很长，选项也较难，不可能一个空儿一个空儿地确定，只能以自己较熟悉的部分来判断。

19. _____ 维也纳新年音乐会的"金色大厅"曾令全世界多少音乐爱好者神往，也正是"金色大厅"孕育了维也纳爱乐之声。说起来，这座大厅也有一百几十年的历史了。它落成于1870年，正式的 _____ 应该叫做音乐协会大厅，由建筑大师奥菲尔·汉森 _____ 。大厅内共有1654个座位和大约300个站位，金碧辉煌的建筑 _____ 和震撼人心的音响效果使其无愧于"金色"的美称。

A	演出	叫法	建筑	规模
B	举办	称呼	建设	规格
C	举行	名称	设计	风格
D	进行	名字	计划	风味

19. 答案：C

讲解：用唯一确定法，第一个空儿"_____ 维也纳新年音乐会的'金色大厅'"，只有"举行"合适，→ C ✓。

这种题型题干很长，选项也较难，千万不要在读题干上浪费时间，只能以自己较熟悉的部分来判断，找一组比较容易区别的词，根据文章的内容进行选择。

20. 曹操 _____ 人才，这是出了名的。读过《三国演义》的人对此印象都很 _____ 。曾有点评家说："曹操见才便爱，哪得不成大业！"正是说到点子上了。所以曹操最后能够统一北方， _____ 了最后三国归晋、统一天下这样一个基础，关键就在于他 _____ 发现人才。

A	爱惜	深刻	奠定	善于
B	爱护	深远	实行	擅长
C	珍惜	深长	实现	喜欢
D	可惜	深沉	完成	能够

20. 答案：A

讲解：用唯一确定法，第二个空儿"印象都很 _____"，只有"深刻"合适，→ A ✓。

这种题型题干很长，选项之间的联系也较少，所以问题集中在第一和第二组的词语辨析上，可以利用平时学习的搭配"印象深刻"、"意义/影响深远"、"意味深长"、"深沉的爱/目光"来确定答案。这也更说明了平时学习中的积累是很重要的。

 做完后把自己的成绩记录下来，比较一下自己是不是有进步噢。

	听力第一部分	听力第二部分	阅读第一部分	阅读第二部分
成　绩	%	%	%	%

语法练习

改病句（比较句、"把"字句、被动句的常见错误）

1. 本届奥运会开幕式比往届特别盛大。
   _____。

2. 我发现中国的发展速度越来越加快。
   _____。

3. 别担心，事情不像你想象的严重。
   _____。

4. 一阵慌乱的敲门声使我从梦中叫醒。
   _____。

5. 他把汉语说得很流利，我都没听出来他是外国人。
   _____。

6. 我们把今天的任务得完成了才能下班。
   _____。

7. 流行歌曲几乎被所有的年轻人喜爱。
   _____。

8. 朋友送我的小鸟竟然被我们家的老猫吃，我感到又吃惊又恐怖。
   _____。

9. 每个人都喜欢遭到别人的夸奖和认可。
   _____。

10. 空气污染把全球气候不断恶化。
    _____。

参考答案：

1. 本届奥运会开幕式比往届更加盛大。

2. 我发现中国的发展速度越来越快。

3. 别担心，事情不像你想象的那样严重。

4. 一阵慌乱的敲门声使我从梦中惊醒。／一阵慌乱的敲门声把我从梦中吵醒。

5. 他（说）汉语说得很流利，我都没听出来他是外国人。

6. 我们得把今天的任务完成了才能下班。

7. 流行歌曲几乎被所有的年轻人所喜爱。／流行歌曲几乎受到所有的年轻人的喜爱。

8. 朋友送我的小鸟竟然被我们家的老猫吃了，我感到又吃惊又恐怖。

9. 每个人都喜欢得到别人的夸奖和认可。

10. 空气污染使全球气候不断恶化。

听力第三部分，阅读第三、四部分

 应试技巧：听力第三部分

在新HSK六级考试的各部分试题中，最不容易控制时间的部分就是阅读第三部分和第四部分了。这两部分的试题题干、文章都比较长，而且内容也是五花八门，生词障碍也比较多，所以怎样能掌握好答题时间是这两部分的重点。我们可以结合听力第三部分来练习，因为这三个部分的文章形式基本相同。在听力中我们只要跟着录音的节奏来听，不需要控制整体的做题时间，也就是说录音的速度就是你的做题速度，你需要在录音结束后马上选出该段录音所有问题的答案。如果你习惯了这部分的速度，那么以同样的做题速度完成阅读就没问题了。

下面我们先利用样题来感受一下做题时的节奏。

【新HSK（六级）样卷示例】

听力第三部分：

第1—4题：请选出正确答案。

1. A 实际上很短
   B 比唱歌的历史还长
   C 和直立行走的历史一样久
   D 和体育运动的历史一样久

2. A 自信心提高
   B 跑步机上的感觉
   C 发自内心的喜悦
   D 体育比赛的刺激

录音文本：
第1到4题是根据下面一段话：

跳舞是人类与生俱来的本能，就像唱歌一样。人类跳舞的历史就跟直立行走的历史一样悠久。

跳舞是充满喜悦的。你也许会觉得举重很有意思，或者认为花四十五分钟在跑步机上的感觉很棒。但我认为，跳舞带给人们的乐趣是大不相同的，那是一种从骨子里涌出的喜悦，并且是一种使我们更贴近生命的感觉。看看那些跳舞的人的脸庞吧！他们的脸上总是散发着一种光芒，而我不相信在健身中心或是越野赛跑中能看见这种光芒。当舞者流汗时，他们微笑着，而他们的微笑是灿烂耀眼的。我所说的不是专业的舞者，而是在街角跳街舞、在公共场所大扭秧歌的人们，以及在城里的俱乐部自由自在地跳舞的情侣们。

有许多方法能将舞蹈带进你的生活：拉上窗帘，放个音乐，然后移动你的身体，如果你想闭上眼睛也没问题。选择一种你喜欢的舞蹈，然后去学习有关的舞蹈课程，这些舞蹈班很容易就可以找到。若上课会令你觉得局促不安，社区的舞会也许是一个好的起点。你不必一定要有个舞伴，大多数的舞步都很容易，音乐也会令你想舞动起来，在人群中，你可以很容易地随着音乐翩翩起舞，感受舞蹈的魅力。

1. 说话人认为人类跳舞的历史有多久？
2. 舞蹈能给人带来什么样的感觉？
3. 这段话中的"舞者"指的是谁？
4. 说话人有什么建议？

答案：1. C 2. C 3. D 4. A
讲解：我们看到选项后可以得到以下的信息点：

3. A 舞蹈家
   B 舞蹈教师
   C 芭蕾舞演员
   D 业余舞蹈爱好者

4. A 去学跳舞
   B 去学唱歌
   C 要找个舞伴
   D 跳舞不一定要音乐

   （样卷第 47 到 50 题）

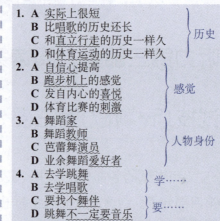

听力第三部分：

在听这部分录音时，特别要注意的是掌握好看选项的节奏，在录音开始之前是来不及看完每一个选项的，所以只能一边听录音，一边看选项。看选项时要注意利用我们前边学过的"信息点法"——每一道题的四个选项中会有一些共同点，这些就是你在听录音时要关注的地方，如果你能在听录音之前看到这些信息点，那么听的过程中就可以很方便地标注出来，而且也更容易理解所听到的内容。否则，在听的时候就没有目标，眼睛不知道看什么，耳朵也不知道该重点听什么了。

学习要点：

迅速找出信息点，控制看选项的速度，要在 10—12 秒左右挑出该题所有选项中的信息。

 下面就来模拟一下，注意利用应试技巧，练习眼睛快速浏览的能力。

新 HSK 考题实战：听力第三部分

一、听力

第三部分：

第 1—8 题：请选出正确答案。

1. A 工作五天休息两天
   B 双休日不休息
   C 工作五天休息一天
   D 办公五天有一个梳洗沐浴的时间

2. A 他的同事
   B 他的妻子
   C 他的上级
   D 他身边的公务员

3. A 西汉时候的官
   B 休假时照常工作的人
   C 不爱休假的公务员
   D 团队的领导

4. A 现代白领都是工作狂
   B 团队的领导不想休息
   C 不休息能干更多的工作
   D 假期是为了能更有效率地工作才设置的

5. A 三组人的目的地都在 10 公里以外
   B 第一组人路程最远情绪最低落
   C 第二组人只走到全程的四分之三
   D 第三组人边走边唱歌

6. A 性格乐观
   B 用歌声和笑声消除疲劳
   C 一直保持高涨的情绪
   D 有明确的目标并知道与目标之间的距离

7. A 长期目标
   B 短期目标
   C 长期目标和短期目标
   D 同一个时期的两个目标

8. A 人们行动的动机要维持和加强
   B 自觉地克服一切困难，努力达到目标
   C 有了崇高的目标，就会成功
   D 在人生的规划中，目标很关键

录音文本：

第 1 到 4 题是根据下面一段话：

汉朝时候做官和现在的公务员一样，实行的是五天工作制。但是他们没有双休日，是工作五天休息一天。《史记》中说，"每五日洗沐归谒亲"。大家把这个休息的日子叫做"休沐"。顾名思义，大概是说办公五天了身上都能搓出泥了，总得有个梳洗沐浴的时间吧。

西汉时候有个小官叫张扶，是个工作狂，遇着"休沐"，他也不休息，照常"坐朝治事"。咱们都明白，这种人如果是自己的同事那是件多么可怕、多么威胁巨大的坏事啊。

他身边的同事都快恨死他了……最后大家说服他的上级郡守薛瑄，单给他下了个教令，告诉他"虽有公职，家亦望私恩意"，应该"归对妻子，相乐邻里"，张扶接着教令恍然明白了许多做人的道理，改掉了自己不爱休假的坏毛病。

在现代白领中，也有很多这样的工作狂，自己干起活来不要命，却往往没有顾及到身边的团队。你不休息别人还要休息啊，作为团队的领导，你要是不休息，别人也没法休息。假期本来就是用来调节心情，放松紧张情绪的，是为了能更有效率地工作才设置的。虽然看似不休息能干更多的工作，殊不知这团队中的成员们可吃不消啊。弄得和张扶似的，非要领导勒令休假，才恍然大悟。

1. 关于汉朝时的工作制，我们可以知道什么？
2. 是谁使张扶改掉了不爱休假的坏毛病？
3. 这段话中的"工作狂"是指什么样的人？
4. 这段话主要想告诉我们什么？

第 5 到 8 题是根据下面一段话：

心理学家曾经做过这样一个实验：组织三组人，让他们分别向着 10 公里以外的三个村子进发。第一组人既不知道村庄的名字，也不知道路程有多远，只告诉他们跟着向导向前走就行了。刚走出两三公里，就开始有人叫苦，走到一半的时候，有人几乎愤怒了，他们抱怨为什么要走这么远，何时才能走到头，有人甚至坐在路边不愿走了，越往后走，他们的情绪也就越低落。第二组人知道村庄的名字和路程有多远，但路边没有里程碑，只能凭经验来估计行程的时间和距离。走到一半的时候，大多数人想知道已经走了多远，比较有经验的人说："大概走了一半的路程了。"于是，大家又簇拥着继续向前走。当走到全程的四分之三的时候，大家情绪开始低落，觉得疲惫不堪，而路程似乎还有很远。当有人说："快到了！快到了！"大家又振作起来，加快了行进的步伐。第三组人不仅知道村庄的名字、路程，而且公路旁每一公里就有一块里程碑。人们边走边看里程碑，每缩短一公里大家便有一小阵的快乐。行进中他们用歌声和笑声来消除疲劳，情绪一直很高涨，所以很快就到达了目的地。

心理学家得出了这样的结论：当人们的行动有了明确目标，并能把自己的行动与目标不断加以对照，进而清楚地知道自己的进行速度与目标之间距离的时候，人们行动的动机就会得到维持和加强，就会自觉地克服一切困难，努力达到目标。

我相信大家很清楚其中的道理，我们都愿意是第三组里的一员。然而，在现实生活中，我们又有几个人设立长远目标和短期目标的里程碑呢。在人生的规划中，目标很关键。如果没有目标就好比在黑夜里远征。人生要有目标——一辈子的目标、一个时期的目标、一个星期的目标、一天的目标。目标越直接，他进步得就越快。有了崇高的目标，只要矢志不渝地努力，就会成就壮举。大家一定要立长志，不能常立志，目标定了就不要轻易动摇，更不能在同一个时期出现两个目标。那就好像你有两块手表，但你无法确定哪块手表显示的是准确的时间。

5. 关于心理学家的实验，下列哪项正确？
6. 第三组人很快到达目的地的原因是什么？
7. 人生要有什么样的目标？
8. 这段话主要讲了什么？

答案： 1. C 2. C 3. B 4. D 5. A 6. D 7. C 8. D

应试技巧:阅读第三、四部分

阅读第三部分:

解答这部分试题的基本方法是先看选项,再看文章。我们已经知道可以利用信息点查找,除此之外我们还可以利用语法结构来加快速度。看选项时,一边注意到关键的信息点,一边还可以画出选项中的主语、谓语、宾语,这样可以很快理解意思,还可以了解它在文章中应该是一句话的前半部分,还是后半部分。用这种"结构法"可以加快解题速度。

学习要点:

画出选项部分的句子结构,找出缺少的成分,对应到文章中就可以放在可能的位置。

阅读第四部分:

这部分试题的难点就是"时间不够",所以提高阅读速度是关键。在利用问题中的信息点查找文章时,如果找得很慢,那么找到后也没有时间仔细理解,就容易选择错误,另外速度太慢在规定时间内就做不完。怎样可以更快速地找到答案所在的位置呢?查找时先找到信息点所在的段,然后在段内逐行快速查找,找到后画出整句话,结合选项对比得出正确答案。

学习要点:

一段一段地查找,找到后理解整句话的内容,与选项对比分析出答案。

 下面来模拟一下,注意运用技巧,控制时间。

新HSK考题实战：阅读第三、四部分

二、阅读

第三部分：

第9—18题：选句填空。

9—13.

一个小男孩儿认为自己是世界上最不幸的孩子，因为他患脊髓灰质炎而留下了瘸腿和参差不齐且突出的牙齿。他很少与同学们游戏或玩耍，老师叫他回答问题时，他也总是低着头不说话。

一天，小男孩儿的父亲从邻居家要了一些树苗，(9)_____。父亲对孩子们说，谁栽的树苗长得最好，(10)_____。小男孩儿也想得到父亲的礼物。但看到兄妹们蹦蹦跳跳提水浇树的身影，不知怎么地，萌生出一种消极的想法：希望自己栽的那棵树早点死去。因此浇过一两次水后，再也没去搭理它。几天后，小男孩儿再去看他种的那棵树时，惊奇地发现它不仅没有枯萎，而且还长出了几片新叶子，与兄妹们种的树相比，显得更娇嫩、更有生气。父亲兑现了他的诺言，(11)_____，并对他说，从他栽的树来看，他长大后一定能成为一名出色的植物学家。可是一天晚上，小男孩儿来到院子里时，却看见父亲在偷偷地为自己栽种的那棵小树施肥！

几十年过去了，那瘸腿的小男孩儿虽然没有成为一名植物学家，但他却成为了美国总统，他的名字叫富兰克林·罗斯福。

爱是生命中最好的养料，哪怕只是一勺清水，(12)_____。也许那树是那样的平凡、不起眼；也许那树是如此的瘦小，甚至还有些枯萎，但只要有养料的浇灌，(13)_____，甚至长成参天大树。

A 就给谁买一件最喜欢的礼物
B 为小男孩儿买了一件他最喜欢的礼物
C 叫他的孩子们每人栽一棵
D 它就能长得枝繁叶茂
E 也能使生命之树茁壮成长

答案： 9. C　10. A　11. B
12. E　13. D

讲解： 先看选项找出五个选项中的关键词，然后在文章中查找相关的句子。

第9题，"小男孩的父亲从邻居家要了一些树苗，_____。父亲对孩子们说……"，找到与"父亲……孩子们"有关的是C，→C✓。

第10题，"谁栽的树苗长得最好，_____……"看选项可以找到常用句型"谁……，(谁)就……"，→A✓。

第11题，"父亲兑现了他的诺言，_____，……"在剩下的B、D、E三个选项中，主语是"父亲"的只有B，→B✓。

第12题，"哪怕只是一勺清水，_____"可以看到连词"哪怕……，也……"，→E✓。

第13题，当然→D✓，也是和连词有关"只要……，就……"。

14—18.

一个生活贫困的男孩儿为了积攒学费,挨家挨户地推销商品。

傍晚时,(14)_____,饥饿难挨,而他推销得却很不顺利,以至于他有些绝望。这时,(15)_____,希望主人能给他一杯水。开门的是一位美丽的年轻女子,她却给了他一杯浓浓的热牛奶,令男孩儿感激万分。

许多年后,男孩儿成了一位著名的外科大夫。一位患病的妇女,因为病情严重,当地的大夫都束手无策,便被转到了这位著名的外科大夫所在的医院。(16)_____,惊喜地发现那位妇女正是多年前,在他饥寒交迫时热情地给过他帮助的年轻女子,当年正是那杯热牛奶使他又鼓足了信心。

结果,当那位妇女正在为昂贵的手术费发愁时,(17)_____:手术费=一杯牛奶。

这个年头,人们已经很难被感动了,(18)_____,也只是感动一时,很难长久。

看了这个故事丝毫不为所动,或没有一点反思的人,他们的情感世界一定暂时缺少了一点很重要的东西,或者永远失去了一些最宝贵的东西。

A 外科大夫为妇女做完手术后
B 即使他们还会被感动
C 他敲开一扇门
D 他感到疲惫万分
E 却在她的手术费账单上看到一行字

答案: 14. D 15. C 16. A
17. E 18. B

讲解: 先看选项找出五个选项中的关键词,然后在文章中查找相关的句子。

第14题,"傍晚时,_____,饥饿难挨,而他……"是需要有主语的选项,所以看A、C、D三项,可以确定,→ D ✓。

第15题,"这时,_____,希望主人能给他一杯水。开门……"也是需要主语,另外看到后边提到"主人"、"门",→ C ✓。

第16题,"……这位著名的外科大夫所在的医院。_____,惊喜地发现那位妇女……"找到和"外科大夫"、"妇女"有关的选项,→ A ✓。

第17题,"当那位妇女……时,_____:……"看到"那位妇女",可以找到选项"……她的……",→ E ✓。

第18题,"_____,也……"找到连词"即使……,也……",→ B ✓。

第四部分

第 19—32 题：请选出正确答案。

19—22.

麦克失业后，心情糟透了，他找到了镇上的牧师。牧师听完了麦克的诉说，把他带进一个古旧的小屋，屋子里一张桌上放着一杯水。牧师微笑着说："你看这只杯子，它已经放在这儿很久了，几乎每天都有灰尘落在里面，但它依然澄清透明。你知道是为什么吗？"

麦克认真思索后，说："灰尘都沉淀到杯子底下了。"牧师赞同地点点头："年轻人，生活中烦心的事很多，就如掉在水中的灰尘，但是我们可以让他沉淀到水底，让水保持清澈透明，使自己的心情好一些。如果你不断地振荡，不多的灰尘就会使整杯水浑浊一片，就会令你更烦心，影响你的判断和情绪。"

有一年夏天，俞洪敏老师沿着黄河旅行，他用瓶子灌了一瓶黄河水。泥浆翻滚的水，被灌到水瓶里十分浑浊。可是一段时间后，他猛然发现瓶子里的水开始变清，浑浊的泥沙沉淀下来，上面的水变得越来越清澈，泥沙全部沉淀只占整个瓶子的五分之一，而其余的五分之四都变成了清清的河水。他透过瓶子，想到了很多，也悟到了很多：生命中幸福与痛苦也是如此，要学会沉淀生命。

之所以有的人感觉生活是痛苦的，而有的人感觉幸福，主要是人们对待痛苦的态度不同。其实，等到瓶子里的水平静下来，一切又恢复到清澈与透亮。如果我们能够静下心来，让痛苦沉淀在我们的心底，不管痛苦能不能消失，都只让它占有我们心里的一小片空间，那大部分的空间就会被幸福充实。过去，我们在匆忙和浮躁中，拼命地摇晃我们的生活，没有片刻的沉静，使我们的生活变得一片浑浊，使所有的幸福都掺杂了痛苦的成分。尤其是人在烦躁的时候，更容易疯狂地震荡自己，摇起满瓶的浑

答案： 19. C　20. C　21. A
22. B

讲解： 先看题目、选项，然后到文章中查找相关的句子。

第 19 题，第 2 段"年轻人，生活中烦心的事很多，……但是我们可以让他沉淀到水底，……使自己的心情好一些"，→ C ✓。

第 20 题，看题目后有"俞敏洪"，很快在第 3 段中找到"他猛然发现瓶子里的水开始变清，浑浊的泥沙沉淀下来"，对比选项 C "黄河水中的泥沙"不符合原文，→ C ✓。

浊，于是我们时时感到痛苦、烦恼、焦虑，这不是因为痛苦多于幸福，而是我们用不恰当的方式，让痛苦像脱缰的野马，随意奔跑在我们生活的每一个角落。

　　为此，我们不妨学会沉淀生命、沉淀经验、沉淀心情、沉淀自己。让生命在运动中得以沉静，让心灵在浮躁中得到片刻宁静。把那些烦心的事当作每天必落的灰尘，慢慢地、静静地让它们沉淀下来，用宽广的胸怀容纳它们，我们的灵魂会变得更加纯净，我们的心胸会变得更加豁达，我们的人生会更加快乐。

19. 牧师想告诉麦克的是：

　　A 不断的振荡会使整杯水都浑浊一片
　　B 生活中烦心的事很多
　　C 让烦心事像灰尘一样沉淀，心情就会变好
　　D 让水保持清澈透明，能使自己心情好受些

20. 下列选项中，俞洪敏老师没有做过的是：

　　A 沿着黄河旅行
　　B 用瓶子灌了一瓶黄河水
　　C 让黄河水中的泥沙沉淀
　　D 透过瓶子想到沉淀生命

21. 为什么有的人感觉生活痛苦，有人感觉幸福？

　　A 他们对待痛苦的态度不同
　　B 痛苦的人拼命地摇晃生活
　　C 痛苦的人没有片刻的沉静
　　D 他们遭遇的痛苦不一样多

22. 最适合做这篇文章标题的是：

　　A 水中的灰尘
　　B 沉淀生命
　　C 如何使人生更快乐
　　D 不要震荡自己

第21题，看文章第4段开头"之所以有的人感觉……，主要是人们对待痛苦的态度不同"，→ A ✓。

第22题，问的是文章的标题，应该跟第一段或最后一段有关，结合选项来判断，→ B ✓。

23—27.

　　欧洲工业革命后出版的大部分图书和报刊杂志被人们放在书架上不动不看，经过几十年、百来年，它们大多数都会一碰就碎，寿终正寝。美国国会图书馆抢救"百岁老书"的行动就是明证。但我国有一种纸，叫宣纸，却独树一帜，它的寿命之长，为世界之少见。这是我国在造纸术上的又一骄傲。

　　在北京故官博物院的历代名画中，珍藏有一幅唐代著名画家韩晃的《五牛图》，距今已有1,000多年，仍然保持着原画的风貌。当代许多书画鉴赏家确认：《五牛图》用的是宣纸，所以能抗腐拒蛀，流传千载。韩晃是我国第一个有据可查的、在宣纸上作画的丹青高手，因此宣纸被誉为"千年寿纸"和"纸中之王"。

　　为什么叫宣纸？据《新唐书·地理志》上记载，在唐代的安徽泾县，古时属宣州，出产一种与众不同的好纸，其质地柔韧、洁白平滑、细腻匀整、色泽能长期保持不变，因此地方官员年年把这种纸作为贡品献给朝廷。由于这种纸产于宣州府，后来大家就把它称为宣纸。现在泾县仍是我国宣纸的主要产地。泾县宣纸厂位于城南25千米处，两股山泉穿厂而过，终年不竭，是造纸的绝好用水。这里盛产的青檀皮和沙田稻草，纤维好、韧性强、白度高，是难得的上乘宣纸原料。宣纸是何时和怎样出现的呢？据传，东汉蔡伦有一个弟子叫孔丹，曾在宣州一带以造纸为业，他早就想"青出于蓝而胜于蓝"，造出比蔡侯纸更好的书写材料。但事情并不像他想象的那么简单，他屡试屡败。一天，有些懊丧的孔丹发现在一条山溪中有好多檀树皮被水浸泡后又白又烂。孔丹在当时也算是造纸专家了，知道树皮可以造纸，于是就取檀树皮为原料，几经试验，终于造出了白净稠密、纹理纯洁、纤维坚韧、久不变色的优质纸。明末吴景旭在《历代诗话》中评价说："宣纸至薄能坚，至厚能腻。笺色古光，文藻精细。"

答案：23.A　24.B　25.D
　　　　26.B　27.A

讲解：先看题目、选项，然后到文章中查找相关的句子。

第23题，看题目后用《五牛图》很快在第2段找到"……有一幅唐代著名画家韩晃的《五牛图》"，→A✓。

第24题，在第3段结合上下文"他早就想'青出于蓝而胜于蓝'，造出比蔡侯纸更好的书写材料"，对比选项，→B✓。

第25题，"千年寿纸"看文章第2段《五牛图》用的是宣纸，所以能抗腐拒蛀，流传千载"，→D✓。

在宣纸上作画，能有骨有神，表达出水墨淋漓的艺术效果；而且宣纸不怕虫蛀，能长期保存。

　　1915年，宣纸在巴拿马国际博览会上荣获金奖。1979年和1984年又两次获国家经委的金奖。现在泾县年产宣纸达500—600吨，用途也由艺林、国家高级档案、外交文牍跨越到水利、医药、石油工业，作为过滤纸和吸墨纸为国内外所争购。可以说宣纸是有中国特色的纸张，或者干脆应该叫中国纸，它是独特而古老的，同时也是现代不可缺少的记录材料。

23. 《五牛图》是哪个时代的作品？
　　A 唐代　　　B 东汉
　　C 明末　　　D 当代

24. 第3段"青出于蓝而胜于蓝"的意思是：
　　A 成为造纸专家
　　B 造出比蔡侯纸更好的书写材料
　　C 造出久不变色的优质纸
　　D 染出颜色更好看的纸

25. 宣纸为什么被誉为"千年寿纸"？
　　A 丹青高手是在宣纸上作画的
　　B 能保持原画的风貌
　　C 纤维好、韧性强、白度高
　　D 能抗腐拒蛀，流传千载

26. 宣纸是谁发明的？
　　A 蔡伦　　　B 孔丹
　　C 吴景旭　　D 韩晃

27. 根据上文，下列内容不正确的是：
　　A 安徽泾县和宣州府都是宣纸的主要产地
　　B 泾县宣纸厂位于城南25千米处
　　C 宣纸在巴拿马国际博览会上荣获金奖
　　D 宣纸不怕虫蛀，能长期保存

　　第26题，在第3段"宣纸是何时和怎样出现的呢？据传，东汉蔡伦有一个弟子叫孔丹，……几经试验，终于造出了……的优质纸"，→ B ✓。

　　第27题，按照选项在文章中对比，从第3段"在唐代的安徽泾县，古时属宣州"可知这两个地名是同一个地方，→ A ✓。

28—32.

睡眠是人类不能缺少的"宝贝",经常失眠的人常常会心烦意乱。吃安眠药虽能使人早些入睡,但有副作用。于是,科学家开始研究催人入睡的新方法。

20世纪80年代末,日本东邦大学医学部的几位专家进行了一次别开生面的试验。一天,专家们请来了年龄在18—55岁之间的8名健康的男性公民,首先给他们进行全面的身体检查。

到了夜晚,8位男性公民被请到一间卧室,然后就像给人测心电图一样,把测量人的脑电波、眼球活动、筋骨活动的电波,肢体运动情况及呼吸和脉搏次数的仪器接到人的不同部位,这些仪器测量的资料可用来判断睡觉的人是否睡得安稳。专家们给8位公民接好测量仪器后,就关灯请他们睡觉。

第1夜到第4夜,专家们给试验的人盖的是普通的棉被。天亮后,根据仪器上记录的数字,他们发现这8名试验者都能一觉睡到天亮,睡眠时间平均为414.3分钟。

第5夜到第8夜,专家们给试验的人换了一种新的棉被,其他情况不变。天亮后,根据仪器上记录的数字,发现盖这种新的棉被后,8名试验者一觉睡到大天亮的睡眠时间平均达434.3分钟。而且,仪器上的数字还说明,盖普通棉被的人平均要38.8分钟才能进入梦乡,而换上新棉被后,平均20.3分钟就能进入梦乡。专家们高兴极了,因为经过这些严格的科学鉴定,说明这种新的棉被的确具有催眠作用。

原来,这种棉被是用日本一家化纤公司生产的香味棉(纤维)制成的棉被。盖在人身上后,棉被总是散发出沁人心脾的清香,而且经久不衰,最多的可以使香味散发5—7年,这样就不用洒香水了。

也许你会奇怪,不洒香水,哪儿来的香味呢?这一点,正是生产香味棉被的人高明的地方。原来,日本这家公司制成的香味棉采用的是一种特殊的纤维材料。它和普通的纤维不同,是一种空心纤维。当然,这种空心的管状纤维用肉眼是很难看清的,但在显微镜下就看得清清楚楚。而且,这种纤维不仅中间是空心的,在纤维管壁上还有许多细小微孔。在制作香味棉被时,事先在这种中空纤维的空心内灌注香料,然后在纤维的外层包上一层不透气的聚酯聚合物薄膜。纺纱时,先纺成很长的纤维,然后按需要切成一定长

答案:28. C 29. B 30. B
31. C 32. D

讲解:先看题目、选项,然后到文章中查找相关的句子。

第28题,在第2段中找到"……年龄在18—55岁之间的8名健康的男性公民,首先给他们进行全面的身体检查",→C✓。

第29题,在第4、5段开头"第1夜到第4夜,专家们给试验的人盖的是普通的棉被。……第5夜到第8夜,专家们给试验的人换了一种新的棉被,……",→B✓。

度的短纤维，由于短纤维两端有切口，香料就从两端的小切口处慢慢散发出香味来。因为香味只能从切口处发散，香料挥发的速度受到限制，所以香味就能保持很长时间。

根据不同人对香味的不同爱好，在制作香味纤维时可以选择不同的香料灌进空心纤维中。比如，有人喜欢森林中的那种清香，一闻到这种香味就觉得心旷神怡，那就可以选择有些树木发出的芬多精一类的香料。日本东邦大学医学部用吸水纸吸收各种香料，在18名男性和17名女性中进行了试验，选择出其中最受欢迎的香料用来生产香味棉被。

28. 关于8名被试验者，我们可以知道什么？
    A 他们的年龄在20岁以上
    B 他们都经常失眠
    C 他们都接受了全面的身体检查
    D 他们都喜欢盖棉被
29. 专家给被试验者盖了几种棉被？
    A 1种   B 2种
    C 3种   D 4种
30. 被试验者盖上香味棉被后，睡眠时间平均是：
    A 414.3分钟   B 434.3分钟
    C 20.3分钟   D 38.8分钟
31. 香味棉被的香味是怎么来的？
    A 洒上的香水散发出来的
    B 用吸水纸散发出来的
    C 从纤维两端的小切口处慢慢散发出来的
    D 聚酯聚合物薄膜散发出来的
32. 这个实验得出的结论是：
    A 睡眠质量和香水有关
    B 棉被的确具有催眠作用
    C 睡眠影响对香味的不同爱好
    D 香味棉被可以改善睡眠

第30题，在第5段"发现盖这种新的棉被后，8名试验者一觉睡到大天亮的睡眠时间平均达434.3分钟"，→ B ✓。

第31题，在第7段结尾"由于短纤维两端有切口，香料就从两端的小切口处慢慢散发出香味来"，→ C ✓。

第32题，在第5段结尾"专家们高兴极了，因为经过这些严格的科学鉴定，说明这种新的棉被的确具有催眠作用"，这里"新的棉被"指的是"香味棉被"，→ D ✓。

做完后把自己的成绩记录下来，比较一下自己是不是有进步噢。

	听力第三部分	阅读第三部分	阅读第四部分
成　绩	%	%	%

听力、阅读第一、二部分

 应试技巧：听力第一、二部分

在考场上做题时，除了前边说过的控制时间、提高速度以外，做题的准确率当然也是重要的。不能因为想快就着急，结果把容易的题也做错了，那就得不偿失了。所以我们在考试时一定要保证快速、准确。保持清醒的头脑，针对不同题型灵活运用解题经验。今天我们就继续练习做题当中分配时间的技巧，并分辨考试要点。

我们先来做一下样题，注意体会选项间的联系与区别：

【新 HSK（六级）样卷示例】

听力第一部分：

第 1—2 题：请选出与所听内容一致的一项。

1. A 童话想象力丰富
   B 成人都喜欢童话
   C 童话是写给成人的
   D 童话不适合儿童阅读
   （样卷第 4 题）

> 录音文本：
> 1. 童话里的人物往往在现实中并不存在。童话最大的特点是使用丰富的想象力，让动物和植物都拥有了人的感情，很容易让儿童接受。虽然童话主要是写给孩子的，不过，有童心的成年人同样能在童话中找到快乐。
> 2. 快到春节了，常常听到"春运"这个词，"春运"是什么意思呢？"春"就是指中国最传统的节日"春节"；"运"就是指"运输"。"春运"就是指春节期间的运输，主要包括火车、飞机、汽车等交通工具的运输情况。
>
> **答案**：1. A　2. C
>
> **讲解**：这两道题只要在听录音时注意选项间的差异，就很容易判断出来。也就是快速找到选项之间的差别，画出不同的地方。我们在试卷上应该这样画：
>
> 1. A 童话想象力丰富
>   B 成人都喜欢童话
>   C 童话是写给成人的
>   D 童话不适合儿童阅读

2. A "春运"指火车运输
   B "春运"和汽车无关
   C "春运"指春节期间的运输
   D "春运"的"春"指的是春天
   （样卷第 8 题）

> 2. A "春运"指火车运输
>   B "春运"和汽车无关
>   C "春运"指春节期间的运输
>   D "春运"的"春"指的是春天
>   　　这样我们很容易确定听录音时的关注点，第 1 题"童话最大的特点是使用丰富的想象力"，→ A√；第 2 题"春运"就是"指春节期间的运输"，→ C√。
>   　　只要眼睛快速地看到了，就很容易和听到的内容对比出答案来。

听力第一部分：

　　前面说过大概是在 8—10 秒钟的时间里看完 A、B、C、D 四个选项的内容并立刻选出答案，可以说这不仅是在考查听力水平，更是在考查眼睛对汉字的敏感程度。我们在听录音的过程中要分辨出选项的区别，但这并不是说每一个选项都是重要的，很多情况下你会发现选项中有的词语完全是与试题无关的，忽略这些就能提高眼睛看选项的速度。

学习要点：

　　看选项，快速画出选项间的联系与区别，有重点地听录音。

听力第二部分：

　　同第一部分一样，看选项时要找到重点信息，特别注意录音中的词语可能没有在选项中写出来，但是意思可能是相同的，所以，一定要注意总结各选项的话题，这样就能掌握听录音的节奏了。也就是说，在听到录音之前先预测出问题，然后等待着录音中的答案出现。

学习要点：

　　看选项总结并预测问题，尽量达到"眼睛先看到，耳朵等着听"的状态。

 下面就来模拟一下，控制好"看—听—记录"的节奏。

新HSK考题实战：听力第一、二部分

一、听力

第一部分：

第1—5题：请选出与所听内容一致的一项。

1. A 这个双休日武汉大学的樱花将盛开
   B 这个双休日武汉赏花游将达到高峰
   C 几十万游客到武汉大学赏樱花
   D 武汉大学的樱花盛开了

2. A 春节期间的天气晴好
   B 北方近期雨雪较多
   C 云南、广西等地的森林发生了火险
   D 在燃放烟花爆竹时要注意补充水分

3. A 生活区分优等生和劣等生
   B 某些学校已经废除不及格分
   C 学校会告诉学生正确答案
   D 学校和现实生活没有一点相似之处

4. A《西游记》想象力丰富
   B《西游记》是一部古代人物传记
   C《西游记》是一部历史小说
   D《西游记》不受人们喜爱

5. A 哮喘是由沙尘天气引起的
   B 沙尘天气时不可以外出
   C 沙尘天气对健康的影响很大
   D 沙尘天气只对眼睛和皮肤有伤害

录音文本：

1. 梅花谢了，樱花、杜鹃、油菜花、桃花又相继开放，爱花的人自有眼福。刚刚过去的这个双休日，由于天气不错，武汉大学的樱花又盛开，武汉赏花游达到了高峰，几十万游客外出赏花、踏青，挤爆武汉及周边的赏花点。

2. 春节期间，晴好的天气十分有利于交通出行。但专家同时提醒，北方近期多风少雨雪，天气十分干燥，另外云南、广西等地的森林火险气象等级也居高不下，大家在给身体补充水分的同时，也需提高防火意识，尤其在燃放烟花爆竹时要注意安全。

3. 现在的学校也许已经不再分优等生和劣等生，但生活却仍在作着类似的区分。某些学校已经废除不及格分，只要你想找到正确答案，学校就会给你无数的机会。这和现实生活中的任何事情都没有一点相似之处。

4.《西游记》是中国古代一部著名的长篇神话小说，书中最吸引读者的形象是孙悟空，他机智勇敢，敢于反抗，深受人们喜爱。这部小说充满了奇特的幻想，表现出丰富的艺术想象力，在中国影响极大。

5. "满天黄沙飘"是许多地区的人们都曾体会过的一种感受，春季的这种沙尘天气对人的健康有着很大影响。沙尘从呼吸道吸入，直接会导致哮喘的发作，同时还会引起鼻炎、气管炎及过敏症状的发生；另外，沙尘天气对眼睛和皮肤的伤害也是十分严重的。因此，沙尘天气应该特别注意减少外出，如果一定要外出则应做好防护措施。

答案：1.D 2.A 3.B 4.A 5.C

第二部分：

第6—10题：请选出正确答案。

6. A 自信
   B 综合素质
   C 工作能力
   D 学习成绩

7. A 沟通能力
   B 组织能力
   C 学习能力
   D 学习成绩

8. A 能力高
   B 能创造价值
   C 能把知识转化成价值
   D 不一定是优秀员工

9. A 能力
   B 心态
   C 面试的相关技巧
   D 工作经验

10. A 专门面向女大学生
    B 面向所有大学生
    C 招聘的岗位都是老师
    D 是学校举办的

录音文本：
第6到10题是根据下面一段采访：
女：朱经理您好！很高兴能够采访到您！
男：您好！谢谢！
女：大学生就业，已成为当下人们广为关注的话题。现在网上流传这样一句话"大学生未毕业，先失业！"您对此怎么看？
男：我觉得现在的大学生，首先要把自己的自信建立起来，这是非常重要的，要调整好心态。因为企业用人主要是看大学生的综合素质，其中心态是非常重要的。第二，就是要把自己相关的能力"炼"出来。比如说：沟通能力、协调能力、组织能力和策划能力等。第三，就是要学会跟别人合作。以上三点是企业尤为看重的。
女：在试用期的员工，企业主要考查他哪些方面？
男：第一，学习能力。因为现在整个社会是一个学习型的社会，在企业中我们也倡导建立学习型的组织。所以说，对于每一位员工，他的学习能力是一个重要的考量方向。第二，团队意识。因为在一个团队当中，他要学会跟别人合作。第三，要能吃苦耐劳。
女：优秀学生是否等同于优秀员工？为什么？
男：这个不一定，优秀学生只是说他具备相关专业知识，但是在企业当中是：能力创造价值。所以说，他要把自己的知识转化成价值。
女：您对现在正在求职的大学生有怎样的建议呢？
男：第一个就是要平衡心态；第二个就是要练习一些面试的相关技巧，许多同学并不是没有能力，只是在面试的过程中技巧性的东西没有发挥出来，从而丧失了机会。
女：对于我们媒体和高校联合，把企业带进校园举办招聘会，尤其像今天专门面向女大学生的招聘会，您有什么感触？
男：第一，我觉得这种形式非常好，媒体和企业都要尽到一份社会责任。第二，我觉得今天的现场是把学校的优秀人才推荐给企业，企业选择的成功率会大大提高。
女：您对今天现场面试的学生满意吗？
男：在整个面试的过程中，让我能够感受到我们师大学生的整体素质和能力都是非常不错的。在今天参加面试的大学生当中，我们选中了超过半数以上，差不多十几位学生吧。
女：对于新入职的员工，你们是怎样让他快速地融入到企业中来的呢？
男：这也是我们企业核心竞争力的一部分，我们为每一位老师提供了非常专业的岗前培训。因为要想成为我们的正式老师，要先经过口试、试讲、测试，然后参加我们老师的专业培训，最后，通过了我们的专业考核才能成为正式的老师。
女：很感谢您接受采访，也希望通过本次招聘会能够招聘到企业需要的人才。
男：谢谢。
　6. 企业用人时主要看的是哪个方面？
　7. 对试用期的员工，企业主要考查什么？
　8. 对于优秀学生，男的持什么观点？
　9. 男的认为大学生在面试中丧失机会是因为哪方面的不足？
　10. 关于这次招聘会，以下哪项是正确的？
　　　　　　　答案：6. B　7. C　8. D　9. C　10. A

应试技巧：阅读第一、二部分

阅读第一部分：

要充分利用学过的语法点和词语搭配知识，先把句子整体的结构划分出来，看看整体句子结构是否有问题，然后再看修饰语（定语、状语、补语等），把每一个句子的"整体—具体"搭配画出后，再对比分析出答案。

阅读第二部分：

同第一部分一样，尽量快速地找到语法点和搭配关系，对于不能确定的选项可以暂时忽略。不要因为个别生词影响速度，更不能轻易排除不太确定的选项。有时在可能只是排除了两项，还有两项不能确定的情况下，一定要再重新阅读题干，通过理解句子的意思来选择。

学习要点：

在控制读题时间的前提下，注意句子的语法点和搭配，另外还要尽量理解句子的含义。要耐心对比，不能没有根据地猜测。本课的重点是复句的连词在考题中出现的使用错误。

> 做下面的试题，注意边做边画出语法点和搭配，控制好时间。一定要全部完成之后再看答案和讲解。

新HSK考题实战：阅读第一、二部分

二、阅读

第一部分：

第11—15题：请选出有语病的一项。

11. A 人吃五谷杂粮，没有不生病的。
    B 延长假期是众望所归，接下来就是期待政府的行为了。
    C 无论现代都市忙碌的人们都曾遭遇过堵车的烦恼。
    D 安静的夜显得漫长而宁静，让梦祥和，却让早晨混乱。

12. A 金钱能够带来文明，也同样能够毁灭文明。
    B 夏季醒来后，身体功能能很快从睡眠状态恢复正常，则秋冬比较难。
    C 人一生的时间，从摇篮到坟墓，大概有24亿7557万6千秒。
    D 李小龙的动作非常快，快到看不清，所以拍电影时只好放慢胶片的速度。

13. A 人口密度高不仅是中国的特色，也是东亚国家的特色。
    B 这座著名博物馆里聚集了大量藏品，《蒙娜丽莎》就被放在方形大厅里。
    C 培养一个爱好是分散痛苦注意力的好法子，哪怕你的爱好是看悲剧小说。
    D 袋鼠与其他动物不同，它跑得越慢，能量消耗越大，加快到一定速度时，能量消耗因而相对减少。

14. A 悬空寺位于北岳恒山脚下的金龙峡，据说是北魏时建造的，距今已有1400多年的历史。
    B 中国一贯高度重视农业甚至是粮食问题，坚持立足国内、基本自给、适当利用进出口调剂余缺的粮食安全政策。
    C 我们受着文化的熏陶来到了这个世界，我们再怎么变，内心深处都有一份文化的积淀，那是很难改变的。
    D 在城市中心的房产，虽多数是老房，然因其优越的地理条件，出售价格比之城郊城镇相同面积的要高出许多。

15. A 人生在世，不能没有朋友，没有朋友的人生总是要显得黯淡一些，所以说，多个朋友多条路。
    B 作为中国著名的舞蹈家，她对艺术创作的追求、创新从未停止过，多年来一直在努力为观众提供最大的精神享受。
    C 妻子从超市买回来了一大堆商品，为自己得到的优惠价格而兴奋不已，所以实际上买回来的东西可能根本用不上。
    D 不论是在城市还是在农村，不论是在家里还是在路上，废气、噪音、污水无时无刻不在和我们亲密接触。

---

11. 答案：C
    讲解：复句连词错误。"无论"后应该用疑问词来表示任意条件，这里应改为"凡是现代都市忙碌的人们都……"。

12. 答案：B
    讲解：复句连词错误。"则"表示转折，应该用于下半句的主语后，应改为"秋冬则比较难"。

13. 答案：D
    讲解：复句连词错误。表示不正常的情况时应该用"反而"，应改为"能量消耗反而相对减少"。

14. 答案：B
    讲解：复句连词错误。"甚至"表示递进关系，不能表示包含在其中的另一方面的情况，应该用"尤其"，应改为"重视农业尤其是粮食问题"。

15. 答案：C
    讲解：连词错误。这里从语意上可知是表示转折的，不能用"所以"，应改为"但是实际上买回来的东西可能根本用不上"。

第二部分：

第 16—20 题：选词填空。

16. 窗花是民间剪纸中最为 _____ 的种类，其他剪纸品种都是在此 _____ 上的发展和延伸。人们在春节期间贴窗花，以此达到装点环境、渲染气氛的 _____。

A 普遍　品种　作用
B 普通　方面　效率
C 普及　基础　效果
D 遍及　基本　目的

17. 中国古代有不少闻名世界的水利工程。这些工程 _____ 巨大，设计水平也很高。由于中国历代王朝都十分重视农业基础 _____，中国古代的水利事业处于向前发展的 _____。兴建水利不仅直接关系到农业生产的发展，而且还可以扩大运输，加快物资流转，发展商业，推动社会经济 _____。

A 规模　建设　趋势　繁荣
B 规划　建立　形式　繁华
C 规格　设立　形势　繁盛
D 设计　设施　局面　兴盛

18. 中华民族是勤劳智慧的民族，在 _____ 的历史发展进程中，古代劳动人民巧夺天工，_____ 了许多人间奇迹，如大运河、万里长城、都江堰、北京故宫、江南园林，直到今天仍倍受世界人民 _____。尤其是万里长城更成为中华民族的 _____。

A 悠久　开创　尊敬　标志
B 长久　创建　尊崇　代表
C 漫长　创造　推崇　象征
D 长远　制造　崇敬　反映

---

16. **答案**：C
　　讲解：用排除法，第一个空儿"……最为 _____ 的种类"可以排除 D "遍及"，→ D ×；第二个空儿"……在此 _____ 上的发展和延伸"不能选 B "方面"，→ B ×；最后一个空儿"……达到……的 __效果__"是对的，固定搭配"起到……作用"，所以 A 不对，→ C ✓。

17. **答案**：A
　　讲解：用唯一确定法，第一个空儿"这些工程 _____ 巨大"，只能选"规模"，→ A ✓。
　　考试中最好再看看其他几个空儿验证一下答案。第二个空儿"设立"不能和"基础"搭配；第三个空儿排除"形式"；第四个空儿，"经济繁荣"是常见的搭配。

18. **答案**：C
　　讲解：用唯一确定法，第二个空儿"_____……奇迹"，只能选"创造"，→ C ✓。
　　考试中最好再看看其他几个空儿验证一下答案。第一个空儿"长久"和"长远"不能和"历史"搭配；第三个空儿"尊敬"是对人来说的，而这里指的是"大运河"之类的工程，所以能排除。最后一个空儿，"……成为中华民族的象征"是常见的说法。

19. 亚健康是处于健康和疾病之间的一种过渡阶段，它既可能_____调节恢复到健康状态，也可能由于忽略和轻视而发展成严重的_____。随着工作压力的增大，生活_____的加快，生活不_____的人越来越多，现今已有越来越多的人加入到了亚健康的队伍。

A 经过　　隐患　　速度　　规则
B 通过　　疾病　　节奏　　规律
C 由于　　问题　　方式　　自由
D 由　　　危机　　脚步　　放松

19. **答案**：B

　　讲解：用唯一确定法，第三个空儿"生活_____的加快"，只能选"节奏"，→B✓。

　　另外，第一个空儿的意思是利用调节的方式恢复健康，所以应该选择"通过"，最后一个空儿"生活不<u>规律</u>"也是固定搭配。

20. 我们的记忆_____也会说谎，心理学家越来越相信这样的观点。即使是我们非常确信的记忆，实际上也是不_____的，甚至是完全错误的。人们的记忆不但易受他人_____，而且天生具有理想化_____，目的就是为了_____现实。

A 竟然　　准确　　影响　　色彩　　克服
B 居然　　正确　　控制　　特点　　战胜
C 突然　　确实　　限制　　观念　　实现
D 偶然　　合理　　支配　　原则　　成为

20. **答案**：A

　　讲解：用唯一确定法，第四个空儿"具有理想化_____"，只有"色彩"合适，→A✓。

　　再验证一下，第二个空儿"实际上也是不_____的，甚至是完全错误的"，这里不能用"正确"，因为"不正确＝错误"，就不能用"甚至"表示递进关系了，只能用"准确"。

 做完后把自己的成绩记录下来，比较一下自己是不是有进步噢。

	听力第一部分	听力第二部分	阅读第一部分	阅读第二部分
成　绩	％	％	％	％

语法练习

改病句（复句中连词使用的常见错误）

1. 他明明知道自己错了，不但不道歉，而且还理直气壮地辩解。
   _____。

2. 这次失败不如说是我们没有良好的心态，与其说是因为我们缺乏竞争力。
   _____。

3. 即使明天天气晴朗，我们就去春游。
   _____。

4. 不管困难重重，我们也要坚持到底。
   _____。

5. 既然大家都不肯帮忙，所以我只好自己承担这一切了。
   _____。

6. 中国实行计划生育政策，为了控制人口增长速度。
   _____。

7. 他看书看得太专心了，至于有人来也没发觉。
   _____。

8. 即使大家怎么劝说，他还是固执地不肯接受。
   _____。

9. 《小王子》这本书不但能使孩子们从中找到乐趣，而且成年人从中发现新的精神财富。
   _____。

10. 不管他每天工作到很晚，但早上九点钟照样穿戴整齐地准时上班。
    _____。

参考答案：

1. 他明明知道自己错了，不但不道歉，反而还理直气壮地辩解。

2. 这次失败与其说是因为我们缺乏竞争力，不如说是我们没有良好的心态。

3. 如果明天天气晴朗，我们就去春游。

4. 即使困难重重，我们也要坚持到底。

5. 既然大家都不肯帮忙，那么我只好自己承担这一切了。

6. 中国实行计划生育政策，以控制人口增长速度。／为了控制人口增长速度，中国实行计划生育政策。

7. 他看书看得太专心了，以至于有人来也没发觉。

8. 无论大家怎么劝说，他还是固执地不肯接受。

9. 《小王子》这本书不但能使孩子们从中找到乐趣，而且也能使成年人从中发现新的精神财富。

10. 尽管他每天工作到很晚，但早上九点钟照样穿戴整齐地准时上班。

星期四

听力第三部分，阅读第三、四部分

 应试技巧：听力第三部分

前面我们说过听力第三部分和阅读第三、四部分是有共同点的。其实更进一步说，作为高级汉语水平的测试，新 HSK 六级的听力各部分与阅读各部分之间都是有共同点的，那就是要求考生轻松地理解听到和读到的汉语信息。而我们前面学过的所有技巧都是为了提高理解力，也就是跳过生词障碍，从整体上来理解一段话或一篇文章。但是说起来容易，做起来难，在考场上几乎所有的考生都容易出现一个问题：一遇到生词就不能继续思考了。希望你不是那样的，通过前边的学习，相信你已经习惯了抓住中心、全面理解的思考方式了。

下面我们还是利用样题来感受一下做题时的思路。

【新 HSK（六级）样卷示例】

听力第三部分：

第 1—3 题：请选出正确答案。

1. A 体谅
   B 怀疑
   C 信任
   D 委屈

2. A 脸红没什么好处
   B 其他动物也会脸红
   C 脸红会暴露人的情绪
   D 脸红会让别人更加愤怒

录音文本：
第 1 到 3 题是根据下面一段话：

脸红，是泄露人内心情感的一个明显信号，人们在感到尴尬、羞耻或害羞时脸会变红。但是这其中的奥秘却让科学家琢磨不透。最近有科学家将这归为"历史进化的一个结果"。

研究人员指出，人是唯一在害羞时脸会变红的动物，这个信号让人们的内心情感完全表露出来。研究发现，人在脸红时，脸颊、颈部和胸部皮肤表层的血管会扩张，更多的血液会汇集在这些地方。心理学家则分析认为："脸红能平息对方的怒火，消除敌对行为，让人们更快地原谅你。"所以，脸红并不完全是一件坏事。

1. "脸红"可以引来别人什么样的态度？
2. 关于"脸红"，下列哪项正确？
3. 这段话主要谈的是什么？

答案： 1. A 2. C 3. A

讲解： 我们先看选项可以得到以下信息点：

1. A 体谅
   B 怀疑   } 感觉、态度
   C 信任
   D 委屈

3. A 人为什么会脸红
   B 人和动物有何不同
   C 人怎样才能不脸红
   D 脸红能促进血液循环
   （样卷第 37 到 39 题）

> 2. A 脸红没什么好处
>   B 其他动物也会脸红
>   C 脸红会暴露人的情绪
>   D 脸红会让别人更加愤怒
> 3. A 人为什么会脸红
>   B 人和动物有何不同
>   C 人怎样才能不脸红
>   D 脸红能促进血液循环
>
> 在听的过程中要注意第 1 题到第 3 题的每个选项，当听到有关的内容时就标注一下。录音一开始就听到有关第 2 题的"脸红，是泄露人内心情感的一个明显信号"，→ C√；继续听就可以理解出第 3 题的中心内容说的就是有关"脸红"的，另外听到了"人们在感到尴尬、羞耻和害羞时脸会变红"，→ A√；再接着听到最后"……脸红能平息对方的怒火，……让人们更快地原谅你"，→ 1. A√。
>
> 这里要注意的就是：问题并不一定是按顺序的，所以要求你在听的同时要注意不要只看一个问题的选项，一定要不断观察其他选项，确定录音中的内容对应的是哪个选项，在该选项旁标注一下，并根据这些确定点进行整体理解。

听力第三部分：

在听这部分录音时，要特别注意的是掌握如何看选项。一定要在看的时候注意在所有选项之间不停地搜索听到的内容，所以要练习眼睛看汉字的速度，只有在听录音之前看到这些信息点，才能在听的过程中理解所听到的内容，找到对应的选项。

学习要点：

迅速找出信息点，一边听，一边还要注意在选项中找到信息，和所听内容作对比，以便理解整篇文章。

下面就来模拟一下，继续练习眼睛快速浏览的能力，并快速对比排除无关选项。

新HSK考题实战：听力第三部分

一、听力

第三部分：

第1—8题：请选出正确答案。

1. A 劳累
   B 睡觉
   C 兴奋
   D 运动

2. A 怀孕12周时就会打哈欠
   B 打哈欠是无法抑制的
   C 打一个哈欠需要五秒钟左右
   D 打哈欠有镇静作用

3. A 有趣的
   B 温和的
   C 能博得别人好感的
   D 从事研究工作的

4. A 人为什么会打哈欠
   B 怎样抑制打哈欠
   C 打哈欠的利弊
   D 打哈欠对大脑的影响

5. A 要有耐心
   B 要有爱心
   C 懂得付出
   D 学会松手

录音文本：

第1到4题是根据下面一段话：

研究打哈欠的生物学家发现哈欠源于大脑中的"哈欠中枢"。当一个人受到劳累、睡意与睡醒等因素的刺激时，体内就会大量分泌导致打哈欠的相关分子，进而引起"哈欠中枢"兴奋，随即向人体肌肉发出"指令"，有关的肌肉严格遵照"指令"运动，于是，一个哈欠诞生了。科学家曾用超声成像技术探测胎儿的神秘世界，发现怀孕12周所形成的胎儿就会打哈欠了。

如果你感觉某种场合或时刻不宜打哈欠，可以通过有意识地咬紧牙关来抑制。不过，打哈欠的过程运行得不顺畅，会让你觉得很不舒服。一个哈欠的持续时间虽然很短暂，不过六秒钟左右，其生理上的作用却是很显著的。在这期间，打哈欠使人"闭目塞听"，全身神经、肌肉完全松弛，你便能在生理与心理上都得到一次很好的休息。其效果胜过镇静剂。

另外，科学家还发现一个有趣的现象。那就是温和的人更容易打哈欠。研究人员对一些志愿者进行测试，发现那些容易打哈欠的人大多善良、敏感，容易动感情，很容易博得别人的好感。

打哈欠看上去虽不雅，却是人体的一种自我保护反应，每打一次哈欠，必有深沉悠长的吸气，有利于更多的氧气进入肺部到达血液。另外，打哈欠时咽部肌群及面部几十块肌肉随之收缩，可驱动携氧的血液流向大脑，提高大脑活力，对脑力劳动者尤为有益。

1. 人们在什么情况下会打哈欠？
2. 关于打哈欠，下面哪项是正确的？
3. 什么样的人容易打哈欠？
4. 这段话主要谈的是什么？

第5到8题是根据下面一段话：

有一个很自私的人，自私到连一粒米都舍不得给别人，于是人们都叫他吝啬鬼。一天，上帝经过他住的地方，得知此事，便决定登门感化他。

上帝耐心地给他讲道理。在聆听了上帝的教诲后，他也似乎明白了一些。这时，门外来了一个乞丐，于是上帝便叫他前去施舍。他捧着一碗饭来到门前，可在给的那一刻，他说什么也不肯松开自己的手。试了几次，都不成功。他只好难过地回到上帝面前，说："我本想给他，可我就是舍不得，松不开自己的手。"

上帝思索了一下，从怀里拿出一粒种子，放在他

6. A 舍不得
   B 不喜欢乞丐
   C 不相信上帝
   D 不是自己的东西

7. A 开成了一朵美丽的花
   B 发了芽
   C 送给了乞丐
   D 上帝带走了

8. A 种子会开花
   B 付出是很幸福的事情
   C 别吝啬一粒米
   D 要有自信

的左手里，说："你把右手想成是别人，把左手想成是自己。现在你把这粒种子放在你的右手中。"

他疑惑地看了看上帝，一想到把东西给别人，他又开始有些舍不得了。可过了一会儿，他又笑了，因为他猛然意识到，把左手的种子交到右手，那不也是自己的手吗，并没有因此失去什么。如此一想，便轻松地把那粒种子放在了自己的右手中。刹那间，他右手中的那粒种子竟奇迹般地长出了叶，开出了一朵美丽的花。

面对这朵美丽的花，那个自私的人忽然有所醒悟：原来付出很简单，就像把左手的东西交给右手，是令人幸福的事情。

原来奉献如此美妙，就是在心里种下美的种子，为自己开一朵美丽的花。

5. 上帝想要教给自私的人一些什么道理？
6. 自私的人为什么试了几次，都不能松开自己的手？
7. 那粒种子最后怎么样了？
8. 这段话想告诉我们什么？

答案：1. A 2. D 3. B 4. A 5. C 6. A 7. A 8. B

应试技巧：阅读第三、四部分

阅读第三部分：

前边我们强调了用"结构法"可以加快解题速度，在快的同时还要提高准确率。尤其在这部分试题中，如果选错了一个，就将导致至少两道题都回答错了，所以只为了提高速度，不仔细分析理解，也是不行的。一定要边选择边理解，把选定的答案带入空格中，然后完整地阅读一遍整句话，确定无误后，再接着做题。

学习要点：

选择出答案后立即带入文章中，充分理解整句话，以保证答案的准确性。

阅读第四部分：

和第三部分相同，要做到既快又准确，所以找到答案后，一定要把跟答案有关的句子完整地读一遍，不能"断章取义"，也就是说不要只看到半句话就急于选出答案，结合选项把整句话和选项一一对比、理解，这样才能更准确地选择，避免看到什么就选什么。

学习要点：

理解整句话的内容，与选项对比分析出答案。

下面来模拟一下，注意运用技巧，控制时间，准确理解。

新HSK考题实战：阅读第三、四部分

二、阅读

第三部分：

第9—18题：选句填空。

9—13.

唐朝贞观年间，西域回纥国为了表示对大唐的友好，便派使者缅伯高带了一批珍奇异宝去拜见唐王。在这批贡物中，最珍贵的要数一只罕见的珍禽——白天鹅。

缅伯高最担心的也是这只白天鹅，万一有个三长两短，可怎么向国王交待呢？所以，一路上，(9)_____，一刻也不敢怠慢。

这天，缅伯高来到沔阳河边，只见白天鹅伸长脖子，张着嘴巴，吃力地喘息着，(10)_____，便打开笼子，把白天鹅带到水边让它喝了个痛快。谁知白天鹅喝足了水，合颈一扇翅膀，"扑喇喇"一声飞上了天。缅伯高向前一扑，只拔下几根羽毛，却没能抓住白天鹅，(11)_____。一时间，缅伯高捧着几根雪白的鹅毛，直愣愣地发呆，脑子里来来回回地想着一个问题："怎么办？进贡吗？拿什么去见唐太宗呢？回去吗？又怎敢去见回纥国王呢！"思前想后，缅伯高决定继续东行，他拿出一块洁白的绸子，(12)_____，又在绸子上题了一首诗："天鹅贡唐朝，山重路更遥。沔阳河失宝，回纥情难抛。上奉唐天子，请罪缅伯高，物轻人意重，千里送鹅毛！"

缅伯高带着珠宝和鹅毛，披星戴月，不辞劳苦，不久就到了长安。唐太宗接见了缅伯高，缅伯高献上鹅毛。唐太宗看了那首诗，又听了缅伯高的诉说，非但没有怪罪他，(13)_____，不辱使命，就重重地赏赐了他。

从此，"千里送鹅毛，礼轻情意重"的故事流传开来。今天，人们用"千里送鹅毛"比喻送出的礼物虽然单薄，但情意却异常浓厚。

A 缅伯高心中不忍
B 小心翼翼地把鹅毛包好
C 反而觉得缅伯高忠诚老实
D 他亲自喂水喂食
E 眼睁睁看着它飞得无影无踪

答案： 9. D 10. A 11. E
12. B 13. C

讲解： 先看选项找出五个选项中的关键词，然后在文章中查找相关的句子。

第9题，"所以，一路上，(9)_____，一刻也不敢怠慢"，能看出来这里需要带主语的句子，所以可能是A或D，带入文章理解后可以确定，→ D ✓。

第10题，"(10)_____便打开笼子，把白天鹅带到水边……"，这里也需要带主语的句子可以确定，→ A ✓。

第11题，"……，却没能抓住白天鹅，(11)_____"，因为前边说了"没抓住"意思是"白天鹅飞走了"，根据意思可以确定，→ E ✓。

第12题和第13题对比，最后一个空儿"唐太宗看了那首诗……非但没有怪罪他,(13)_____"，这里有关联词搭配"非但（不但不）……，反而……"，→ C ✓。

这样就可以知道第12题的答案，→ B ✓。最后为了提高准确率，可以把5个答案都带入句子整体理解一下。

14—18.

在一个果实飘香的秋季，一只老狐狸无意间经过一个被围墙围住的葡萄园。凭着多年的经验，它闻出了这个园子里的葡萄很特别，是自己从没吃过的极品。

(14)_____，它曾向自己的伙伴吹嘘过："这世上还没有我不曾吃过的葡萄呢。"面对着这一园自己没有品尝过的葡萄，它的食欲和好胜心都被激起来了。它暗自对自己说："吃不到葡萄就说葡萄酸的狐狸，就像不想当元帅的士兵一样，是最没出息的。"

于是，(15)_____，否则决不离开。可这个葡萄园的围墙太高，它根本跳不上去。经过一番用心的搜寻，它终于找到了一个可以进入葡萄园的小洞，可是洞口实在是太小，它根本无法顺利通过。思索了片刻，它作出了一个决定：绝食减肥。

经过三天绝食，这只老狐狸真的瘦了下来，(16)_____。如它所料，这个葡萄园里的葡萄是迄今为止它吃过的最好的一种。于是，它放开肚子，在园子里整整吃了三天。

当它打算离开时，一个新的问题出现了：由于连日来吃了太多葡萄，它又胖了。无法再从那个小洞出去。无奈，它只好再次绝食，这次比上次花的时间还多了一天。(17)_____，于是，它再次从那个小洞里钻了出来。

回家后，它把这次经历告诉了另外两只阅历同样丰富的狐狸。并问它们："这事做得值不值？"其中一只老狐狸说："你胖了多少就瘦了多少，等于什么都没吃，还要冒着性命之忧，当然不值。"另一只老狐狸则说："虽然你担了不少风险，(18)_____，当然值得。"

A 它可以从那个小洞进入葡萄园了
B 但你吃到了你从没吃过的葡萄
C 这只老狐狸曾吃过无数种好葡萄
D 它的身体终于又变得和刚进来时一样瘦小
E 它发誓一定要吃到这里的葡萄

答案： 14. C　15. E　16. A
　　　　17. D　18. B

讲解： 先看选项找出五个选项中的关键词，然后在文章中查找相关的句子。

第14题，"(14)_____，它曾向自己的伙伴吹嘘过……"，这里需要带主语的句子，所以可能是A、C、E，带入后可以确定，→C✓。

第15题，"于是，(15)_____，……"这里也需要带主语的句子，带入后可以确定，→E✓。

第16题，"这只老狐狸真的瘦了下来，(16)_____"，带入A、D理解意思可以确定，→A✓。

第17题，"这次比上次花的时间还多了一天。(17)_____，于是，它再次从那个小洞里钻了出来。"这里看到的"上次"、"再次"和D中的"又"是有关的，→D✓。

第18题，"虽然你担了不少风险，(18)_____"，根据代词"你"确定，→B✓。

最后为了提高准确率，可以把5个答案都带入句子整体理解一下。

第四部分

第 19—30 题：请选出正确答案。

19—22.

多年前，一个年轻人在营销策划公司工作。一天，他的一位朋友找到他，说自己的公司想作一个小规模的调查。朋友希望年轻人出面，把业务接下来，然后朋友自己去运作，最后的调查报告由年轻人把关；当然，朋友会给年轻人一笔费用。

那的确是一笔很小的业务，没什么大的问题。市场调查报告出来后，年轻人很明显地看出其中有些问题，但他只是作了些文字加工和改动，就把它给了那位朋友。

事情就这样过去了。

几年后的一天，年轻人与别人组成一个项目小组，一块儿去完成北京新开业的一家大型商场的整体营销方案。不料，对方的业务主管明确提出，对年轻人的印象不好，要求换人。原来，该主管正是当年市场调查项目的那个委托人。

也许，年轻人只是偶然地遇到这两件事，从而失去了自己的机会，但这种偶然性当中其实已包含了必然性，因为越是从微不足道的小事上越能看出一个人的本质来。一个对自己经手的事情敷衍塞责的人怎么可能是认真、敬业的人呢？这样的人怎么能够赢得别人的信任与赏识呢？年轻人最初的草率已注定他日后将丧失良机。反之，一个人若是对自己所做的每一件事都竭尽全力，那他必将为自己赢得越来越多的机遇。

19. 第 1 段中，画线词语"把关"的意思最可能是：
    A 严格审查　B 编写　C 批准　D 把握

20. 根据上文，下列说法正确的是：
    A 年轻人不喜欢营销策划工作
    B 朋友委托年轻人写调查报告
    C 年轻人不想帮助朋友
    D 年轻人发现了调查报告中的问题

21. 朋友对年轻人的印象是：
    A 认真、敬业　　　　B 没有能力
    C 草率　　　　　　　D 没有运气

22. 最适合做上文标题的是：
    A 人生的必然性　　　B 真正的朋友
    C 偶然中的机遇　　　D 信任与赏识

答案： 19. A　20. D　21. C
22. C

讲解： 先看题目、选项，然后到文章中查找相关的句子。

第 19 题，结合上下文理解。在第 2 段中找到"市场调查报告出来后，年轻人很明显地看出其中有些问题，但他只是作了些文字加工和改动，就把它给了那位朋友"，所以报告是朋友写的，年轻人是检查是否有问题的，→ A ✓。

第 20 题，也可以根据这句话判断，→ D ✓。

第 21 题，在第 3 段"对年轻人的印象不好，要求换人"，还有在最后一段"年轻人最初的草率已注定他日后将丧失良机"，→ C ✓。

第 22 题，要理解最后一段，是有关偶然与机会的，→ C ✓。

23—25.

有个小徒弟跟着师傅学做木椅，第一个月的顾客是个年轻的客人，椅子做好后，年轻人埋怨椅子做得小了。这下小徒弟可慌了神儿，不知道该怎么办才好。师傅见状连忙过来对年轻人说："小不占地方，您可以随处放，这样也是为了给您节约成本，既精致又实惠。"年轻人想了想觉得有道理，高兴地交了钱走了。

第二个月来的是个中年客人，他对着椅子端详了半天："这椅子做大了吧。"小徒弟听后急出了一身汗，还是师傅过来微笑着说："您心宽体胖，这椅子正是为您特意做的，再说，放在您的豪华大厅里，也显得落落大方不是！"中年人听了也很满意。

到了第三个月，有个农民来订做椅子，小伙子心想这次一定要精益求精，不能再让客人挑出毛病来。可万万没想到那农民对地道的工艺一句称赞的话没说，却一个劲儿地抱怨做的工期太长了。这下徒弟又不知所措了。师傅却乐呵呵地说："慢工出细活儿，为了出精品，我们宁肯为您多花点时间。"农民转怒为喜，满意地回去了。

第四个月接了一个商人的活儿，徒弟吸取了上次的教训，加快了进度，很快就把椅子做好了。然而，那商人却嫌完工太快了，担心做工不好，徒弟正无从申辩，师傅走过来不紧不慢地说："您的时间我们可不敢浪费，您的时间就是金钱啊，我们为您加班加点，紧赶慢赶，这才完工。"商人听后露出了满意的笑容。

生意场上，顾客是上帝，上帝有着不同的层次、不同的需要。如果我们在向上帝提供精

答案： 23. C 24. B 25. D

讲解： 先看题目、选项，然后到文章中查找相关的句子。

第23题，结合上下文理解，"慢工出细活儿，为了出精品，我们宁肯为您多花点时间"，对比选项可以理解出答案，→C ✓。

美商品的同时也能运用不同的语言、不同的形式满足一下他们的心理需求，就会使我们得到双重的收获。既让上帝买去了商品，又赢得了他们"下次再来"的可能，或许他还能成为你的义务宣传员，帮你赚取更多的利益回报，而这个回报的成本只是我们一句适宜得体的话，或一个微笑而已。

23. 第3段中，画线词语"慢工出细活儿"的意思是：
   A 精益求精，不能再让客人挑出毛病
   B 花费的工期很长
   C 多花点时间做出精品
   D 有地道的工艺

24. 关于师傅，我们可以知道：
   A 他只有一个徒弟
   B 他很会做生意
   C 他每个月只让徒弟做一把椅子
   D 他很喜爱徒弟

25. 这个故事主要想告诉我们什么？
   A 顾客是上帝
   B 顾客有不同的需求
   C 如何赚取更多的利益
   D 满足顾客的心理需求，能带来更多的利益

第24题，可以根据第23题答案所在的这句话判断，也可以快速浏览跟师傅有关的内容，可以找到每次顾客不满意，师傅说话后就解决了，→ B ✓。

第25题，在最后一段"……不同的形式满足一下他们的心理需求，就会使我们得到双重的收获"，→ D ✓。

26—30.

作为一家网络公司的首席技术官,李先生说:"如果按时下班,工作思路就会中断。所以,我们经常加班,喜欢一鼓作气把活儿干完,半夜三四点睡觉是家常便饭。"

在"快鱼吃慢鱼"的e时代,许多事情是不能等到明天再说的,有的工作狂甚至希望把明天的事情在今天就做完。所以,在白领阶层的流行词典里,"夜不能寐"的意思已经不再是睡不着,而是不能睡啊!

尽管你工作到很晚,甚至凌晨三四点才开始睡觉,但早上九点钟,你照样得打扮整齐、精神抖擞地准时上班。日复一日,夜复一夜,如何解决睡眠不足的问题呢?一到周末,李先生和他的同事们坚决拔掉电话线,关掉手机和呼机,然后在舒服的席梦思上进行连续20个小时以上的深度睡眠。一方面弥补本周的睡眠,另一方面也为下周上夜班做好精力上的准备。所以,李先生他们管自己叫"睡眠骆驼"。

当然,你也可以利用旅途来储备睡眠。长途可以包括坐飞机、坐火车,短途则可以包括"打的"、坐地铁,甚至在从1层到25层的电梯上升过程中,你都可以站在那儿打个"猫盹儿"。据说,"猫盹儿"还是大科学家爱因斯坦常用的休息方法。不过,令人遗憾的是,当你打"猫盹儿"的时候,往往会出现以下两种情况:一是你刚刚闭上眼睛,突然想起还有一份电子邮件应该马上回复;二是你"盹儿"得正香时,手机突然响了。

现在许多公司都配备了咖啡机,向员工提供免费咖啡。"睡眠骆驼"们为保持充沛的工作精力,往往喜欢通过喝大量咖啡来刺激大脑皮层,促使思维活跃,这就不免使公司的咖啡消耗量大大增加。不过,这笔账老板也划得来——喝咖啡可以促进员工的工作效率嘛!

今天,在以"10倍速"运行的"信息高速公路"上,兔子打个盹儿,乌龟就跑到了前面。所以,越来越多的白领阶层自觉地为自己上紧发条,把"上夜班"作为一种生存方式,把"睡眠骆驼"作为一种生存能力。

日出而作,日落而不息,以全天候姿态向成功冲刺。然而,医学实践证实:一个成人每晚应该保持8小时的睡眠,如果少于8小时,就会使精神集中程度下降30%,工作质量下降20%,能力的发挥程度只能达到76%。如果每晚比正常睡眠时间减少1小时,一周累计起来,可能会使智商系数降至100,濒临弱智状态。由此可见,"上夜班"是一把<u>双刃剑</u>:一方面,由于延长了工作时间,今天的工作效率可能会提高;另一方面,由于缩短了睡眠时间,明天的工作效率又可能会降低。从健康的角度来看,长期睡眠不足,将会损害肝肾功能,破坏新陈代谢系统,降低人体免疫力。

答案: 26. C 27. A 28. B
29. A 30. A

讲解: 先看题目、选项,然后到文章中查找相关的句子。

第26题,"半夜三四点睡觉是家常便饭",这里"家常便饭"是指很平常的事,→C✓。

第27题,在第3段"一到周末,李先生……进行连续20个小时以上的深度睡眠",→A✓。

第28题,在第4段"当然,你也可以利用旅途来储备睡眠",意思是可以利用周末也可以利用旅途睡觉,这都是说"储备睡眠",→B✓。

减少睡眠，不但是透支了时间，其实也是在透支生命。

　　这点常识谁都明白，但"睡眠骆驼"李先生说："脑子里老是想着工作上的事儿，即使按时睡下，也睡不着啊！"

　　时间是宝贵的，然而，比时间更宝贵的是生命。那么，有没有一种方法，既可以避免睡觉，又可以保证健康呢？假如医药学家能够发明一种可以替代睡眠的"免睡胶囊"，比如一粒"免睡胶囊"可相当于8小时睡眠，那么，当你工作到生理极限，就用温水送服一粒"免睡胶囊"，10分钟之后，你就会像刚睡了8小时一样大脑清醒、精力旺盛。有位白领说，"免睡胶囊"的市场前景应该非常广阔。

26. 关于李先生，我们可以知道什么？
　　A 喜欢晚上工作
　　B 喜欢把第二天的工作做完
　　C 常常凌晨三四点才开始睡觉
　　D 喜欢在睡觉前吃饭

27. 李先生如何解决睡眠不足的问题？
　　A 周末连续睡20个小时以上
　　B 早上晚起床
　　C 下周不上夜班
　　D 去旅行

28. 根据上文，"睡眠骆驼"的意思最可能是什么？
　　A 不睡觉也可以工作精力充沛
　　B 像骆驼一样储备睡眠
　　C 像骆驼一样在旅途中睡眠
　　D 可以进行深度睡眠

29. 第7段中，画线词语"双刃剑"的意思是：
　　A 有利也有弊
　　B 使人濒临弱智状态
　　C 不但透支时间，而且透支生命
　　D 缩短了睡眠时间，工作效率又可能会降低

30. 根据上文，下列说法正确的是：
　　A 坐飞机、火车时可以打"猫盹儿"
　　B 白领们服用"免睡胶囊"替代睡眠
　　C 老板不希望员工喝咖啡
　　D 提高工作效率可能会降低人体免疫力

第29题，结合下文理解，"一方面，……今天的工作效率可能会提高；另一方面，……明天的工作效率又可能会降低"，对比选项可以理解出答案，→A✓。

第30题，根据第4段"长途可以包括坐飞机、坐火车……你都可以站在那儿打个'猫盹儿'"，→A✓。

　做完后把自己的成绩记录下来，比较一下自己是不是有进步噢。

	听力第三部分	阅读第三部分	阅读第四部分
成　绩	％	％	％

语法练习

改病句（复句中连词使用的常见错误二）

1. 云南泼水节的时候，走到哪里是欢乐的人们，大家的脸上都挂着湿漉漉的笑容。
   ＿＿＿＿＿＿＿＿＿＿＿＿＿＿＿。

2. 外边一直下雨，于是我们都不想出去了。
   ＿＿＿＿＿＿＿＿＿＿＿＿＿＿＿。

3. 要不是受到恶劣天气的影响，我们的春游计划怎么会不取消呢？
   ＿＿＿＿＿＿＿＿＿＿＿＿＿＿＿。

4. 即使条件允许的话，就多出去走走，看看这个世界到底是什么样。
   ＿＿＿＿＿＿＿＿＿＿＿＿＿＿＿。

5. 作为一名翻译工作者，一方面要努力学好外语，一方面要学好本民族语言也是非常重要的。
   ＿＿＿＿＿＿＿＿＿＿＿＿＿＿＿。

6. 他很固执，除非他自己不改变主意，否则别人很难说服他。
   ＿＿＿＿＿＿＿＿＿＿＿＿＿＿＿。

7. 父母坚持让她报考医科大学，所以第一次上解剖课怕血的她便晕倒了。
   ＿＿＿＿＿＿＿＿＿＿＿＿＿＿＿。

8. 晚会上我们学校各班同学、老师及其校长，都表演了精彩的节目。
   ＿＿＿＿＿＿＿＿＿＿＿＿＿＿＿。

9. 一件漂亮得体的衣服会使别人对你产生良好的感觉，这对你的工作尤其是人生有很大的帮助。
   ＿＿＿＿＿＿＿＿＿＿＿＿＿＿＿。

10. 释放压力，领略生活中美好的内容，所以恢复对生活和工作的激情和热爱。
    ＿＿＿＿＿＿＿＿＿＿＿＿＿＿＿。

参考答案：

1. 云南泼水节的时候，无论走到哪里都是欢乐的人们，大家的脸上都挂着湿漉漉的笑容。
2. 外边一直下雨，所以我们都不想出去了。
3. 要不是受到恶劣天气的影响，我们的春游计划怎么会取消呢？
4. 如果条件允许的话，就多出去走走，看看这个世界到底是什么样。
5. 作为一名翻译工作者，一方面要努力学好外语，一方面要学好本民族语言。
6. 他很固执，除非他自己改变主意，否则别人很难说服他。
7. 父母坚持让她报考医科大学，结果第一次上解剖课怕血的她便晕倒了。
8. 晚会上我们学校各班同学、老师以及校长，都表演了精彩的节目。
9. 一件漂亮得体的衣服会使别人对你产生良好的感觉，这对你的工作甚至是人生有很大的帮助。
10. 释放压力，领略生活中美好的内容，从而恢复对生活和工作的激情和热爱。

第3周

周末复习与总结

语法总结

一、比较句

比较句是一种很简单的特殊句式，但是因为简单，我们就更容易忽视一些细节的问题，所以我们整理了与比较句有关的常见错误，希望大家能掌握比较句的语法规则，更准确地理解汉语，更地道地运用汉语。

比较句的常用结构：

1. A 比 B + 形

形容词前不能加程度副词"很"、"挺"、"大"、"怪"、"极"、"最"、"非常"、"十分"、"格外"、"极其"、"相当"、"比较"、"多么"、"越发"。另外，也不能加"不"。

可以加"更（加）"、"还"、"再"、"稍微"、"略微"这几个程度副词。

如：今天比昨天还冷。

这件比那件略微便宜一点儿。

我认识的人里没有比她更/再漂亮的了。

这件衣服就是比别的再便宜，我也不买。

2. A 比 B + 形 + 多了/得多

如：他的个子比我高得多。

他的房间比我的大多了。

距离南京，北京比上海远得多。

3. A 比 B + 形 + 数量补语（一点儿、一些）

如：我比他早来了半个小时。

首尔的天气比这儿暖和一些。

4. A 比 B+谓语+得+形（程度补语）

如：他比我跑得快。

A+谓语+宾语+比 B+谓语+得+形（程度补语）

A+宾语+谓语+得+比 B+形（程度补语）

如：你写汉字比我写得好多了。＝你汉字写得比我好多了。

5. "比"字句的否定可用"不比"、"不如"、"没有"等

【辨析】"不如"、"没有"后边的形容词一般都是积极的（如："大"、"多"、"便宜"、"容易"），一般不用消极的（如："矮"、"丑"、"慢"、"麻烦"）。

如：上海没有北京热。

他汉语说得不如我流利。

● "不如"只有否定形式。A 不如 B ＝A 不如 B 好。

如：他的汉语水平不如他的妹妹。

● "不比"后边的形容词是积极的、消极的都可以，但常强调一种语气。

如：他今天不比我来得晚。（他也非常早）

我不比他笨，他能学会，我为什么不行？（我也能学会）

"A 不比 B+形+多少"强调"B 不+形，A 也不+形"。

如：广州的天气不比上海好多少。（上海的天气不好，广州也差不多一样坏。）

另外，还有否定式：A 比不上 / 比不过 B

如：他的汉语水平比不上我。

6. 一天比一天 / 一次比一次 / 一个比一个……

如：天气一天比一天暖和。

他说得一次比一次好。

这些题一个比一个难。

- 主语一定在前边，这种句型没有否定式。

7. 越来越……、越……越……

如：雨越下越大。

我越来越喜欢这里了。

8. A+ 有 / 没有 +B+（这么 / 那么 / 这样 / 那样）+ 形

如：儿子快有爸爸那么高了。

北京的水果没有广州那么多。

他有你高吗？

北方没有南方这么热。

- "有"表示 A 达到 B 的程度了，但是不比较程度的多少。
- "有"和"一样"不能一起用。（× 他有爸爸一样高了。）
- 指代近的事物时用"这么"，远的用"那么"，当 A、B 同在近处时，可用"这么"，也可用"那么"。

9. A 跟 / 和 / 同 / 与 B 一样 / 相似 / 差不多

如：她的年纪跟她姐姐几乎一样。

否定：跟（同）……不一样。

如：这件衣服跟那件不一样。

10. 跟 / 同 / 和 / 与……这么 / 那么

如：小张跟小王合作得这么好。

女儿同妈妈长得那么像。

11. (不) 像 / 如……这么 / 那么 / 这样 / 那样……

如：我不像他那么爱看电视。

他像爸爸那么聪明。

这件事正如当初意料的那样顺利。

● 像/如……一样…… 表示比喻，不表示比较。

如：人脑也正如这计算机一样，不删除旧的、无用的东西就没有空间
　　存储有益的。

12. 文言词语表示比较

(1) ……于：胜于、强于、大于、小于、无异于、不亚于、莫过于、相当于

(2) ……过：胜过、赛过

(3) ……似：胜似、深似、恰似

(4) A 比之 B 来 = A 与/同/跟/和 B 比起来/相比、A 比起 B 来

"把"字句和"被"字句都是一种特殊的句式，在汉语中并不是所有的句子都能变成这种特殊句式，也不是所有的"把"字句和"被"动句都可以用一般句式来表达。那什么时候能用"把"、"被"来表达，什么时候又不需要"把"、"被"呢？我希望你能静下心来再重新学习一遍，使你脑子里的语法思路更清晰一些。另外"受"、"使"、"令"、"让"跟"把"、"被"都是有联系的，考试中也常常放在一起出题，但是这部分内容规律性最强，用法也非常固定。今天我们就完整地学习一遍，彻底掌握这部分的用法。

二、"把"字句

1. 结构：主语 + 把/将 + 宾语 + 谓语 + 其他

2. 意义：强调动作对宾语的处置或影响，以及结果

3. 注意：如果有能愿动词、否定副词或表示时间的词，一般放在"把"前

如：我想把花盆搬到阳台上。

　　他没把照相机带来。/你别把衣服弄脏了。

　　我昨天刚把书借给同学了。

　　演员们已经把这次义演的收入捐献给了灾区人民。

- "都、全"一类表示范围的副词，如果有宾语时，需根据情况决定。

如：他把那些书全买下来了。

你把钱都花完了吗？

他把那些水果全都吃了。

4. 常见形式：

(1) 动词带补语：主语+把+宾语+动词+补语 (结果/趋向/时量/动量)

如：你把计划订好了吗？

你把我要的那本书带来了吗？

我把妈妈的信又看了一遍。

(2) 动词带宾语：

a) 主语+把+宾语1+动词（在、到、上、给）+宾语2

如：你把书放在桌子上。

服务员把酒送到客人面前。

他把朋友送上了火车。

我把作业交给了老师。

b) 主语+把+宾语1+动词（成、为、作）+宾语2

常见形式"把……当作/看作/当成/看成/比作"

如：她把老人当成自己的亲生母亲。

人们常把祖国比作母亲。

请把这个句子翻译成中文。

他喜欢把盆景作为室内装饰品。

(3) 动词重叠："把"字句中的主要动词前后不带别的词语时，他本身往往要重叠一下，重叠时中间可以加"一"或"了"。

主语+把+宾语+动词+一/了+动词

如：你把课文读一读。

咱们把教室打扫打扫。

我把学过的生词又看了看。

(4) 动词带"了"、"着"：

主语+把+宾语+动词+"了/着"，这时候"了"、"着"就是动词的结果。

如：天阴了，你把雨伞带着吧。/他把钱包丢了。

5. 关于"把"后面的名词：

"把"后面的名词所指的事物必须是确定的。前面常带限制性的词。

如：把那本书拿过来。（是确定的某本书，而不能说：把有的书拿过来。）

他把两本书都看完了。（一定是前边已经说过哪两本书）

6. "把"字句的谓语动词一般应是及物动词，并且能够支配和影响"把"的宾语。下列谓语动词不能用"把"字句：

- 不及物动词。即不能带任何宾语的动词。如："旅行"、"合作"等。
- 表示判断、状态的动词。如"是"、"有"、"像"、"在"等。
- 表示心理活动或感官的动词。如"喜欢"、"讨厌"、"知道"、"认识"、"同意"、"觉得"、"希望"、"要求"、"看见"等。
- 表示趋向的动词。如"上"、"下"、"进"、"出"、"回"、"过"、"起"、"到"等。
- 某一事物原来不存在，后通过某种动作产生出来，不能用"把"。

（×）她把女孩生了。（○）她生了一个女孩。

三、"被"字句：

结构：主语+被/叫/让/给$_1$+宾语+（给$_2$）+动词+其他

"被/给$_1$"后面的宾语可以省略；"让/叫"后一定要有宾语，如没办法或不需要说出宾语时，可用"人"代替。

如：门被风吹开了。/ 火车票早给人订光了。

我的笔让弟弟弄坏了。/ 他的自行车叫人偷走了。

"给$_2$"是结构助词，可以用在谓语动词前面，加强语气。

如：很久没说汉语了，好多生词都给忘记了。

应该注意：介词"给$_1$"不能和助词"给$_2$"同时使用。

如：时间让你给耽误了。/ 时间给你耽误了。

固定结构：被（为）……所……"被"后一定要有宾语，"所"后可以是单音节动词，也可以是双音节动词。

如：同学们被他乐于助人的精神所感动。

"安乐死"为越来越多的人所接受。

一些人往往被功名所累，活得很不快乐。

"被"字句和"把"字句的比较：

〔相同点〕：

（1）句子里的动词一般是及物动词。

（2）谓语动词前后一般带有关的词语：后边带各种补语、宾语、"着"、"了"，前边带状语，全句的状语一定在"把"、"被"的前边；谓语动词的状语在动词前。

如：我们已经把这本书全部学完了。

这本书已经被我们全部学完了。

（3）能愿动词和否定词只能放在"把"、"被"的前面。

（4）助词"给$_2$"在"把"、"被"中用法一样。

如：他把这么重要的事都给忘了。

这么重要的事都被他给忘了。

〔不同点〕：

（1）"被"字可以省略宾语直接放在动词前，"把"字不可以。

（2）"把"字可以用在祈使句中（如：把窗户打开），"被"字不可以。

（3）"把"表示处置，宾语是被动者，"被"主要表示遭受，宾语是主动者。

(4) 此外，从历史上看"被"是表示不如意或不希望的事情。现在虽然有时也不这样限制（如：他被评为三好学生），但是传统用法的影响还在，如只能说"这个字被他写坏了"，不能说"这个字被他写好了"；"把"字没有这个限制。

四、复句连词

复句是用连词把两个或者两个以上的单句联系起来，表达一个完整的意义。连词的准确使用会使你要说的话非常有逻辑性。我们用两天的时间总结一下所有的连词，请你在学习的时候注意语法结构和复句中单句（也就是分句）之间的语义关系。新HSK六级试题中很多和复句连词有关，可以说，复句掌握得好不好直接影响着成绩的高低。所以建议大家考试前在这部分多花一些时间，记忆并且理解所有连词的用法。

1. 并列复句

分句之间的语法关系是平等的，没有主次之分。

(1) (一) 边……（一）边……：表示一个动作跟另一个动作同时进行。

如：我喜欢一边听音乐，一边看书。

● "一边"不能连接形容词和动词"是"：

如：× 他一边（既）是我的老师，一边（又）是我的朋友。

× 我的心里一边（既）害怕，一边（又）高兴。

一面……一面（同时）……：表示几个动作同时进行，多用于书面语。

如：我们应该一面发展物质文明，一面发展精神文明。

他一面笑着和我们告别，同时提起脚下的行李，转身走了。

一方面……（另）一方面……：连接两件相关的事情，或同一事物的两个方面。

如：他一方面要照顾孩子，一方面又要照顾老人，很辛苦。

一方面路远，一方面天黑，还是明天去好。

● "一方面"不能用于表示两个动作同时进行。

× 他们一方面（一边）走，一方面（一边）谈。

(2) 又……又……：主语相同，连接形容词，表示同时有几种性质或情况。

也连接动词（一般动词、能愿动词、判断动词"是"、"有"）。

如：他又累又饿，实在走不动了。

　　晚会上，大家又唱又跳，高兴极了。

既……又（也）……：一般不能连接表示具体动作的动词，常用于书面语。

如：我要给他买一件既漂亮又实用的礼物。

　　人生道路，既留有胜利者的欢欣，也印着失败者的泪痕。

也……也……：只连接动词，可以是两个主语。

如：他总觉得这也不好，那也不好。

　　你去也可以，不去也可以，我无所谓。

(3) 连接动词或形容词。表示几种动作或情况交替进行。

一会儿……一会儿……：他一会儿嫌时间过得慢，一会儿又感到它跑得太快了。

时（而）……时（而）……：他的病情很不稳定，身体时好时坏的。

忽（而）……忽（而）……：他最近的心情好象六月里的天气一样，忽而阴忽而晴。

2. 递进复句

后一分句的意思比前一分句的进了一步（由低到高/由高到低）。

(1) ……，更……：你都没有这种本事，我就更不行了。

(2) ……，况且（也/又/还）……：这件衣服样子好看，况且又不贵，你买吧。

尚且……，（更）何况……呢：一个房间尚且不能打扫干净，更何况处理天下事呢？

(3) ……，还……：不要只想到自己，还应该关心别人。

(4) ……，甚至（于）……：最近我的汉语水平不仅没提高，甚至有时还觉得退步了呢。

……甚而……：千百年来人们不敢做，甚而不敢想的事却已实施了。

(5) 不仅/不但/不光/不单……而且……还/也……：注意主语的位置。

如：健康的概念不仅是指身体不生病，而且还包括心理健康和社会交往方面的健康。

不但我信任他，而且以前反对他的人，现在也信任他了。

不只/不光/不单……连……都/也……：我不只喜欢听西方音乐，连东方音乐也喜欢。

不但……连……都/也……：他不但花光了上个月的工资，连这个月的也花了。

(6) 不仅（不）……，还……：售货员不仅不着急，还耐心地解释。

不但/不仅不/没……反倒/反而……：他不但不听我的劝告，反而冲上前去。

3. 承接复句

各分句按顺序先后说出连续的动作或事。

(1)（首）先……然后/接着……（再/又）……："再"没完成，"又"已完成。

如：我们先去吃饭，然后再去电影院看电影。

昨天我先给小王打了电话，然后小王又通知了李飞。

先由经理讲话，接着你再作补充发言。

起初/先……后来……：表示事情已经发生。

如：起初他不相信那是真的，后来在事实面前也不得不相信了。

(2) ……，于是……：表示后一事紧接着前一事发生，有因果关系。

如：小王忘了报名的地点，于是跑到学校去打听了一下。

现代竞争越来越激烈，于是许多人又回到了学校进修。

(3) （一）……，便（就）……：表示两件事的时间很紧。

如：她感到委屈，便大哭起来。

他要什么，父母就给什么。

我一下飞机就跑到你这儿来了。

4. 选择复句

(1) 是……还是……：可用于陈述句，也可用于疑问句。

如：这次去广州你是坐飞机，还是坐火车。

(2) 或（者）……或（者）……：只能用于陈述句，不能用于疑问句。

或是……或是……：周六最轻松，或是睡懒觉，或是找朋友，或是看电视，反正不学习了。

(3) 要不……要不……：要不你去，要不我去，反正得去一个人。

要么……要么……：要么你就好好和小李合作，要么你就单干，你考虑吧。

(4) 不是……就是……：晚饭后，她一般不是散散步就是聊聊天，或是看看电视。

(5) 宁可（愿）……也（不/要）……：我宁可骑自行车去，也不挤公共汽车。/ 我宁愿不睡觉，也要把这本书看完。

(6) 与其……（倒）不如……：与其买这个便宜的，不如多花点儿钱买个质量好的。

与其说……不如说……：这次失败，与其说是水平不高，不如说是因为心理素质差。

(7) ……也好，……也好：你听也好，不听也好，反正这个意见我得提。

5. 转折复句

(1) ……，可是（可）……：他不喜欢踢足球，可他喜欢看足球比赛。

……，但是/但……：他工作很忙，但是常常锻炼身体。

虽然……，但是（可是）……：这篇课文**虽然**不长，**可是**生词不少。

别看……，（但是／可是／而）……却／则／倒……：**别看**他个子小，能力**倒**很强。

……（倒）是……，……不过／只是……：这东西好**是**好，**不过**贵了点。

(2) 尽管……，但是／可是／然而／还是……：**尽管**他不接受我的意见，我有意见**还是**要向他提。

(3) 固然……，但是／也……：学习**固然**重要，**但是**为了学习**也**不能不要身体。

(4) ……，其实……：听口音他像北京人，**其实**他是广东人。

(5) 不是……，而是……：老师叫你去**不是**批评你，**而是**表扬你。

(6) ……反而／反倒……：他年纪大了，身体**反而**更好了。

……，倒（是）……：我们没什么意见，**倒是**小张好象不太满意。

6. 因果复句

(1) 因为……，所以……：**因为**天气不好，**所以**我不想去公园了。

之所以……，是因为……：你**之所以**伤心，**是因为**你还爱他。

由于……，（所以／因此）……：**由于**他每天练习，所以他的发音特别好。

……是由于……：最近身体不好，**是由于**锻炼太少。

……，因此／故此……：他生病了，**因此**没来上课。

……因而……：他们来自不同的国家，**因而**生活习惯并不完全一样。

因……而……：他**因**困难**而**放弃了学习。

……从而……：通过调查研究发现问题，**从而**找到解决问题的方法。

※【区别】……进而……：先学好第一外语，再**进而**学习第二外语。

……故（而）……：他虽然很努力，但方法不好，**故而**未能通过考试。

(2) ……只好……：他还不来，**只好**我一个人去了。

……（由此）可见……：他连上海话都能听懂，**可见**中文水平相当高。

……这样一来 / 这一来 / 这下……：终于考完试了，这下我可要好好轻松轻松了。/ 他经常缺课，已经超过了规定的学时。这样一来，他被取消了考试资格。

（3）以至（于）……：他看书很专心，以至于我走到他身边，他也不知道。

……以致……：他酒后开车，以致发生交通事故。

这次他伤得太厉害了，以致好几个月都下不来床。

注意：和"至于"容易混淆。"至于"不表示因果关系，只能用来说明进一步的情况。还可以用反问或否定形式，表示不会或没有产生这种结果。

如：我昨天参加了HSK考试，至于成绩，我还不知道。

那么一点儿小事，至于生气吗？

我只是有点儿感冒，还不至于住院。

（4）……不免……：很晚了孩子还没有回家，妈妈不免有些担心。

7. 目的复句

（1）为了……，(只得 / 只好 / 要 / 所以 / 而) ……

为了不影响工作，她只好把孩子送到托儿所。

为了取得好成绩，他报了很多辅导班。

（2）……，……好……：早点睡，明天你好早点儿起床。

……，为的是 / 是为了……：她六点起床，为的是去机场接朋友。

（3）……以便（于）……：他学习汉语，以便毕业后能找到更好的工作。

……，以……：今年公司建了两座住宅楼，以解决员工的住房问题。

（4）……以免……：天气不好，多注意身体，以免感冒。

……省得（免得）……：有事你可以给我打电话，省得你亲自来。

8. 条件复句

（1）只有……才……：只有多听、多说、多念，才能学好一门外语。

（2）只要……就……：只要他在家，我就一定让他来看你。

(3) 不管/无论……也/都/总……：不管有多大困难，我都要坚持下去。

别管……都……：别管你是谁，都不应该违反制度。

任凭……也/都……：任凭什么样的困难，我们都不会放弃目标。/ 任凭他跑到天涯海角，我们也要找到他。

(4) 除非……否则/要不然……：除非你真的让我走，否则我不离开。

除非……才……：除非你答应我的条件，我才把这件事告诉你。

……，除非……：我不愿意借别人的钱，除非实在没有办法。

(5) 凡是……，都……：凡是有道德的人，都懂得保护环境。

(6) 既然……就……：既然你累了，就快去休息吧。

9. 假设复句

(1) 如果……，那么……就……：如不下雨，我就来。

要是……（的话），就……：要是你同意，我们就这样决定了。

若……，则……：一件事只是计划得好，若没有实践，则一切都是空的。

(2) ……否则/要不然……：你亲自去吧，否则他不来。

要不……否则……：要不你帮他一下吧，否则他肯定解决不了。

幸亏/幸好/好在/多亏……不然/否则……：幸亏你提醒我，不然我就忘了。

要不是……就……：要不是下雨，我们早就走了。

(3) 没有……就没有……：没有太阳，就没有月亮。

没有……就不会……：没有法律，就不会有民主和平等。

(4) 假如/假使……就……：假如你同意，我们明天就去。

倘若/倘使……：你倘若不相信，就亲自去看看。

10. 让步复句

哪怕……也/都……：当初你哪怕给我一点点帮助，今天我也不会是这样。

就是/就算……也……：<u>就是</u>有困难，你<u>也</u>应该坚持下去。

即使……也……：<u>即使</u>明天下雪，我们<u>也</u>要去长城。

纵然……也/仍……：这个问题至关重要，<u>纵然</u>一时无法处理，<u>仍</u>需尽快解决。

11. 紧缩复句

(1) 一……就……：星期天<u>一</u>起床我们<u>就</u>去爬山。

　　不……不……：你<u>不</u>去<u>不</u>行。

　　再……也……：你<u>再</u>没钱，<u>也</u>得让孩子上学。

　　不……也……：<u>不</u>想工作<u>也</u>得工作。

(2) 越……越……：身体<u>越</u>不好，<u>越</u>要锻炼。

　　愈……愈……：雪<u>愈</u>下<u>愈</u>大。

(3) 谁……谁……：<u>谁</u>想学<u>谁</u>就报名。

　　哪（里）……哪（里）……：你想去<u>哪儿</u>就去<u>哪儿</u>。

　　怎么……怎么……：你<u>怎么</u>来的<u>怎么</u>回去。

12. 解说复句

(1) 一来……，一来/二来……：在北京学汉语，<u>一来</u>这里是中国的首都，<u>二来</u>有我的好朋友在这儿。

(2) 一则……，二则/再则……：<u>一则</u>中国入世，<u>二则</u>申奥成功，于是中国倍受世人关注。

(3) 一是……，一是/二是……：我今天来<u>一是</u>感谢你对我的关照，<u>二是</u>向你辞行。